SOMOS MESMO TODOS CENSORES?

Dois ensaios por Perry Nodelman

SOMOS MESMO TODOS CENSORES?

Dois ensaios por Perry Nodelman

Tradução Lenice Bueno

Título original: *Are We Really All Censors? Two Essays by Perry Nodelman*
© do texto: Perry Nodelman
© desta edição: Selo Emília e Solisluna Editora, 2020

EDITORAS Dolores Prades e Valéria Pergentino
COORDENAÇÃO EDITORIAL Belisa Monteiro
TRADUÇÃO Lenice Bueno
PREPARAÇÃO E EDIÇÃO Cícero Oliveira
REVISÃO Belisa Monteiro
PROJETO GRÁFICO E DIAGRAMAÇÃO Mayumi Okuyama

A reprodução não autorizada desta publicação, no todo ou em parte, constitui violação de direitos autorais (Lei 9.610/98)
A grafia deste livro segue as regras do Novo Acordo Ortográfico da Língua Portuguesa.

Dados Internacionais de Catalogação na Publicação (CIP)
Bibliotecária responsável: Aline Graziele Benitez CRB-1/3129

N725s   Nodelman, Perry
1.ed.   Somos mesmo todos censores: dois ensaios por Perry Nodelman / Perry Nodelman; tradução de Lenice Bueno; [Coord.] Dolores Prades, Valéria Pergentino. – 1.ed. – São Paulo: Instituto Emília; Solisluna Editora, 2020.
        100 p.; 15 x 23 cm.

        Tradução de: Are we really censors? Two essays by Perry Nodelman.
        Inclui bibliografia.
        ISBN: 978-65-86539-15-8

        1.Literatura. 2. Censura. 3. Sociedade. 4. Educação. I. Bueno, Lenice. II. Prades, Dolores. III. Pergentino, Valéria. IV. Título.

7-2020/79   CDD 869.91
                                             CDU 811.134.3(81)

Índice para catálogo sistemático:
1. Literatura: censura
2. Sociedade: educação

Selo Emília
www.revistaemilia.com.br
seloeditorial@revistaemilia.com.br

Solisluna Editora
www.solisluna.com.br
solislusna@solislunaeditora.com.br

Sumário

APRESENTAÇÃO **7**

SOMOS TODOS CENSORES **15**

AINDA SOMOS TODOS CENSORES,
E ISSO INCLUI PERRY NODELMAN **55**

NOTAS DE REFERÊNCIA **94**

Sumário

Apresentação

Minha admiração e simpatia por Perry Nodelman vêm de muitos anos. Desde 2001, quando tive a oportunidade de passar dez meses nos Estados Unidos e de frequentar as bibliotecas da Universidade de Colúmbia, em Nova York.

Eu já era editora de livros para crianças e, dispondo de tempo como dispunha, aproveitei para ler tudo que podia na extensa bibliografia disponível em língua inglesa sobre o assunto.

Foi assim que cheguei à revista *Children's Literature Association Quarterly*, da qual Nodelman era um colaborador regular e de que foi posteriormente editor, e a seu livro *Pleasures of Children's Literature*,[*] uma espécie de manual didático, fruto das aulas sobre literatura para crianças que ele ministrou para professores desde 1975, na Universidade de Winnipeg no Canadá, da qual é hoje professor emérito.

---

[*] Hoje em 3ª edição, em coautoria com a professora Mavis Reimer. Nova York: Person, 2002.

Fiquei encantada por encontrar alguém que tratasse de um tema como a literatura para crianças e jovens com tanto critério intelectual e, ao mesmo tempo, numa linguagem tão transparente.

Aliás, tudo o que Nodelman escreve traz uma clareza, um rigor e um respeito pelos leitores difícil de encontrar. Ele é direto e divertido. Seu texto não tem o linguajar característico das criações acadêmicas, nem é pedante – enquanto lemos, podemos até imaginar sua figura irreverente conversando conosco. Confesso que tive de me esforçar na tradução para manter no texto esse caráter ao mesmo tempo coloquial e rigoroso.

Nodelman também costuma ser muito honesto e expor-se por inteiro no que escreve, e é isso também que você vai encontrar nos dois ensaios que compõem este livro.

O primeiro é de 1992, mas guarda até hoje sua atualidade. Trata-se de "Somos todos censores".

Quando as editoras solicitaram a Perry Nodelman os direitos para sua publicação em português, ele respondeu com muita gentileza e, para nossa alegria, aceitou prontamente a oferta. Entretanto, sua autorização vinha acompanhada de uma condição: ele gostaria de publicar também uma espécie de "Somos todos censores revisitado", um segundo ensaio em que pudesse estabelecer um diálogo entre algumas de suas posições antigas e outras novas sobre o tema. Surgiu assim "Ainda somos todos censores, e isso inclui Perry Nodelman", o segundo ensaio que compõe este livro.

Nodelman tinha toda a razão. Passados 25 anos, durante os quais, como dizemos coloquialmente, muita água passou por debaixo da ponte, era natural que um texto sobre um assunto tão delicado fosse revisto.

Com o ressurgimento do movimento feminista e o crescimento das reivindicações relativas a desigualdades de gênero e raciais, novas formas de encarar a produção cultural vieram à tona, e ele com certeza não queria dar a seus leitores a impressão de que havia ignorado tudo o que ocorreu durante esses anos.

Mas, com sua honestidade habitual, Nodelman não mudou uma linha sequer do artigo de 1992, que já se tornou um clássico. Preferiu mantê-lo na íntegra e publicá-lo acompanhado de um segundo texto, inédito e escrito especialmente para esta edição, em que ele se autocritica e revê muitas de suas posições. Agindo assim, deixou para os leitores o espaço para comparar os dois textos e discuti-los, para chegarem às suas próprias conclusões.

Então, o que você vai encontrar aqui são duas conversas profundas sobre uma questão complicada. E, mais original ainda, um diálogo de um pensador consigo mesmo, com um intervalo de 25 anos.

As diversas formas de censura

Antes, porém, de deixar você com as palavras de Nodelman, é preciso fazer algumas ressalvas com relação ao conceito de censura que ele discute.

Para nós no Brasil, que vivemos por mais de vinte anos sob uma ditadura, a censura costuma estar associada às ações de um Estado autoritário. O governo militar proibia por completo ou censurava partes de obras artísticas ou informações jornalísticas com base na Lei de Imprensa, de 9 de fevereiro de 1967. Embora essa lei tenha sido extinta pelo Supremo Tribunal Federal apenas em abril de 2009, o processo de democratização fez com que aos poucos fôssemos nos sentindo livres desse tipo de mordaça. Mas todos sabemos o quanto nossa sociedade é ainda autoritária, o quanto o autoritarismo está arraigado em sua estrutura e na mente de políticos e governantes (e de muitas pessoas), a ponto de a ameaça do retorno da censura e de outros males continuar a nos assombrar –

isso para não mencionar fatos que a colocam, outra vez, como uma triste realidade.

A censura de que fala Nodelman não tem esse teor. Porque no Canadá, sob a influência dos Estados Unidos e da "Primeira Emenda",* de 1791, à Constituição dos EUA, o Estado proibir alguém de dizer ou fazer alguma coisa é algo claramente inconstitucional.

Além disso, o conceito de liberdade de expressão que vigora nesses países tornou-se célebre pela frase do juiz Louis Brandeis, em uma decisão da Suprema Corte de 1927, que dizia o seguinte: "o remédio a ser aplicado [contra um discurso que se considera nocivo] *é mais discurso, não o silêncio imposto*".

É por isso, que, com toda a água que rolou, esse princípio continua presente e em vigor para boa parte da sociedade norte-americana (incluindo a canadense).

Entretanto, outra característica importante das sociedades democrático-liberais é a existência de grupos que defendem algum tipo de interesse. Quase sempre

---

* A Primeira Emenda à Constituição dos Estados Unidos da América é uma das dez emendas ratificadas em 1791 e conhecidas coletivamente como Declaração de Direitos (*Bill of Rights*). Ela proíbe o Congresso dos Estados Unidos de aprovar leis limitando a liberdade de religião e expressão, a liberdade de imprensa ou o direito de "reunir-se pacificamente" (N.E.).

se trata de interesses econômicos, mas nos Estados Unidos, a partir das décadas de 1950 e 1960, foram reunindo forças para levantar sua voz em meio aos grupos tradicionais os representantes das chamadas "minorias" – muitas vezes nada minoritárias dentro da população – como o movimento dos povos indígenas, o movimento negro e o movimento feminista, que evoluiu para questões de gênero mais sutis.

Assim, a censura de que fala Nodelman é aquela que pode ocorrer dentro de uma sociedade pluralista, quando um dos grupos ergue sua voz para protestar contra o que considera discriminação, ou algo que acarreta prejuízo físico, financeiro ou moral àqueles em nome de quem se pronuncia, ou a representações baseadas em estereótipos, que podem agredir sua autoestima. Como se observa no contexto brasileiro atual, um assunto a ser urgentemente discutido também por nós.

Você vai notar, assim, que o fato de Nodelman decidir escrever um novo ensaio sem suprimir o anterior, além de ser um ato de honestidade perante si mesmo e seu público, é também um ato de profunda defesa da liberdade de expressão.

Porque, no segundo ensaio, às vezes é como se também um segundo Nodelman comentasse as ideias de outra pessoa – sem anular sua validade e seu direito de expressá-las, porém.

Para nós, é uma sorte poder ler os dois ensaios, igualmente importantes, escritos por um intelectual como Perry Nodelman. Com certeza, às ideias suscitadas pela leitura de cada artigo vão se juntar outras, produzidas pela comparação de ambos, o que vai nos proporcionar oportunidade para debates muito ricos sobre temas tão carentes de discussão na sociedade brasileira.

Com a publicação de *Somos mesmo todos censores?* o selo e o grupo Emília e a Solisluna Editora esperam oferecer sua contribuição a esse debate.

Lenice Bueno

Somos todos censores*

Como eu, as pessoas com quem converso sobre o assunto – e, imagino, a maior parte dos leitores deste livro – são contra a censura de livros para crianças. Como eu, riem com divertido horror ao saber que representantes de um sindicato na Colúmbia Britânica [Canadá] tentam banir um livro ilustrado sobre árvores porque poderia colocar as crianças contra os trabalhadores madeireiros, ou quando uma secretaria de Educação no Canadá retira efetivamente de circulação uma história de Robert Munsch (na qual um professor e uma diretora não conseguem fazer com que uma criança teimosa vista um traje de neve),

---

* Este artigo foi publicado originalmente na revista CCL, Canadian Children's Literature n. 68, em 1992. Ver: <tinyurl.com/yclhpehm>. Acesso: jul. 2019 (N.E.).

baseada no fato de que isso minaria o respeito das crianças por pessoas dotadas de autoridade – isto é, professores, diretores e secretarias de educação.*

---

* Um leitor da primeira versão deste ensaio sugeriu que os exemplos de censura que apresento aqui são tão absurdos que leitores desavisados e de épocas vindouras podem imaginar que eu os inventei, de brincadeira. Não os inventei, e não são piadas. De acordo com informações fornecidas pelo semanário do Conselho pela Liberdade de Leitura de Livros e Periódicos em 1992, as escolas de Lloydminster, na fronteira entre Alberta e Saskatchewan (Canadá), retiraram exemplares do livro *Thomas's snowsuit*, de Munsch, de suas bibliotecas escolares durante 1988-89, por temer que o livro minasse a autoridade de diretores de escolas em geral; por volta do início de 1992, a obra parecia estar indisponível em duas escolas de Lloydminster. Enquanto isso, em fevereiro de 1992, vários jornais canadenses reportavam que membros do IWA-Canadá, na Sunshine Coast, ao norte da ilha de Vancouver (Colúmbia Britânica) reivindicaram que o livro ilustrado de Diane Leger-Haskell, *Maxine's tree* (Orca, 1990), fosse recolhido das bibliotecas escolares, considerando-o "dramático e um insulto aos madeireiros". Aparentemente um dos membros do sindicato solicitara essa intervenção depois que sua filha de seis anos lera o livro na escola e, ao voltar para casa, dissera ao pai: "O que você faz é mau, papai" (*Globe and mail*, fevereiro, 1992). [O livro *Maxine's Tree*, de Diane Carmel Léger, foi publicado em 1990. Trata-se de uma história cujo tema é a defesa da

Rimos diante desses atos insensatos de repressão porque acreditamos fortemente não apenas na importância do princípio democrático da liberdade de pensamento e expressão, mas também no bom senso básico das crianças. Acreditamos que elas sejam inteligentes demais (ou talvez rígidas demais) para serem tão facilmente subvertidas como a maioria dos censores e pretensos censores imaginam que seriam.

E tem mais: em minhas conversas com outras pessoas sobre esse assunto, chega-se sempre a um ponto em que mesmo aqueles que são mais resistentes à censura tornam-se censores – eles próprios versões daquilo que atacam com veemência. Quando se fala em livros para crianças, cheguei à conclusão de que somos todos censores.

É mais provável que nós, que somos contra a censura, nos tornemos censores dos livros que divergem de nossos próprios valores teoricamente anticensura,

---

floresta de Carmanah Valley, existente na costa oeste da ilha de Vancouver. A secretaria de Educação negou o pedido do sindicato a que Nodelman se refere. Quanto a Robert Munsch, é um popular escritor de livros para crianças no Canadá, com mais de 50 títulos publicados. Para saber sobre outros casos de banimentos ou pedidos de banimento de livros no Canadá, ver: <tinyurl.com/yacytgry/>. Acesso: jun. 2019 (N.T.)].

livros que agridem o direito individual de escolha, ou que reforçam estereótipos de gênero. Quanto mais furiosa uma pessoa fica com as tentativas de banir livros contra os madeireiros, maior a probabilidade de essa pessoa reivindicar o banimento de outros livros por serem antiambientalistas.

Talvez isso não seja surpreendente, mas é perigoso. Sugerir que temos o direito de encerrar a discussão de qualquer tópico ou de banir qualquer livro é simplesmente o mesmo que estabelecer que a censura é, em algumas circunstâncias, adequada. E se ela é adequada em algumas circunstâncias, quem está habilitado a distinguir entre umas e outras?

Como provavelmente tenha ficado claro até aqui, minha posição sobre o assunto é brutalmente simples – simplista, alguns dirão. Não há *nada* que uma pessoa deveria ser impedida de dizer ou escrever – nada, não importa quão ofensivo, tacanho, estúpido ou perigoso eu possa pessoalmente achar isso. Nem qualquer coisa sexista ou racista. Nem representações neonazistas da história. Nem pornografia. Nada.

Mas isso não significa que fanáticos, idiotas e pervertidos tenham o direito de deixar que seu fanatismo, sua estupidez e sua perversão permaneçam sem questionamento. É justamente o oposto: eles *precisam* ser questionados. Se conseguirmos impedi-los de dizer o que pensam, perderemos a oportunidade de questioná-los, e a história ensina que a maldade ou a insensatez reprimidas simplesmente se tornam mais profundas e perigosas, como a gangrena debaixo de um curativo. Tornam-se proibidas e tentadoras. Crescem, e crescem de forma pior. Não, eu digo; melhor deixar que sejam ditas, para que, de nossa parte, tenhamos a liberdade de apontar o quanto são ridículas ou perigosas, acreditando que, se argumentarmos de forma lógica e bem fundamentada, a maior parte das pessoas será razoável a ponto de compreender nossas sábias conclusões sobre o assunto. Acreditar que não seriam capazes disso significaria ser inconscientemente arrogante.

Assim: nada censurado, nada suprimido – e isso inclui, talvez acima de tudo, as afirmações repressivas de candidatos a censores. Se somos mesmo contrários à censura, então não temos escolha senão dar também aos censores a liberdade de se expressar.

Se somos realmente tolerantes, precisamos tolerar a intolerância deles, ao menos a ponto de não condenar sua expressão, para que possamos, então, *condenar* seu equívoco.

Levando tudo isso em consideração, vocês poderiam dizer que está tudo certo, que isto é verdadeiro e bom: claro que devemos deixar que as pessoas digam tudo o que quiserem. Mas o direito de algumas pessoas dizerem essas coisas não implica que outras tenham a obrigação de ouvi-las, especialmente se as outras pessoas forem crianças. Então está bem, vamos deixar que escritores expressem seu racismo ou antiambientalismo, contanto que se preserve meu direito de não escutar o que dizem e, acima de tudo, meu direito de evitar que suas perversões doentias cheguem às mãos das crianças sob a minha responsabilidade.

James Moffet, em *Storm in the mountains* [Tempestade nas montanhas], seu livro controverso sobre a tentativa, em West Virginia, de banir a série de língua e literatura que ele havia editado, sugere que a censura emerge do que ele chama de *agnosis* – "não querer saber".*

---

* James Moffett é um consultor norte-americano na área do ensino de língua e literatura em inglês, e autor de livros didáticos para vários segmentos educacionais. Ele escreveu o livro mencionado por Nodelman devido a um movimento ocorrido em 1974, no condado de Kanawha, no estado de West Virginia. Trata-se de uma situação em que líderes da etnia Apalache fizeram objeções a determinados assuntos, ideias, pontos de vista e métodos presentes em textos de

Bem, a agnose é uma escolha pessoal aceitável – particularmente quando feita por adultos que já conhecem algum assunto e simplesmente não estão interessados nele. Suponho que essa é a base a partir da qual a maior parte de nós escolhe o que lê – procurar mais ficção científica semelhante àquela de que gostamos e, talvez, rejeitar pornografia. Mas, quando se trata de crianças, a situação não é tão simples.

---

livros didáticos, os quais temiam que pudessem desmerecer os valores que ensinavam a suas crianças. Segundo resenha que aparece no site da Amazon, nesse livro, Moffett permite que os entrevistados "falem por si mesmos, por meio de entrevistas e pelas objeções oficiais escritas pelos cidadãos avaliadores dos livros". Com isso "ele mostra exatamente como aqueles que protestam encaram determinadas seleções de textos e, em última instância, como pensam. Seus comentários sobre as objeções constroem uma ampla e rara perspectiva sobre a censura, que diz respeito a vários assuntos correntes na aprendizagem da sociedade, e também – a preocupação maior dos que protestam – a religião". Ainda segundo essa mesma resenha, esse episódio "animou os censores a intensificar seus esforços", aumentando a força do fundamentalismo religioso e obrigando as editoras de livros didáticos a realizar uma "pré-censura" dos livros publicados para essa região, a fim de evitar problemas. Disponível em: <tinyurl.com/ybkyl9jf> [Acesso: 21/06/2019] (N.T.).

Quando se trata de crianças, muitos de nós praticamos a "agnose de tirar da frente". Rejeitamos livros com base na ideia de que eles podem ensinar a elas algo sobre o que nós mesmos já sabemos, mas que não desejamos que elas saibam de jeito algum.

Normalmente, não queremos que saibam algo porque achamos que pode prejudicá-las ou corrompê-las, porque achamos que conhecer o mal poderá prejudicá-las ou torná-las más. Essa visão ignora um fato evidente: *nosso* conhecimento do mal não *nos* tornou maus. Ocorre até o contrário, na maior parte das vezes: quando nos deparamos com um estereótipo sexista, a maioria de nós não se transforma em machos porcos chauvinistas, mas sim em feministas furiosos(as). Nossa resposta mais comum à descoberta de um conteúdo danoso num livro que estamos lendo é ter um ataque de indignação. Mas isso ocorre porque já sabemos como identificar os estereótipos como estereótipos; poder-se-ia argumentar (e de fato se faz isso) que mentes mais fracas ou menos maduras que a nossa não teriam essa habilidade. Aceitariam os estereótipos inconscientemente, e é por isso que precisamos protegê-los da leitura de livros que os contêm.

Mas vivemos num mundo repleto não só de livros que não aprovamos, mas também de propagandas de tv, traficantes de drogas, ligações de *telemarketing*, políticos, evangélicos e crianças cujos pais possuem valores diferentes dos nossos. Manter as crianças afastadas de ideias e valores de que não gostamos é praticamente impossível. Seria mais lógico protegê-las sem tentar suprimir materiais potencialmente perigosos, mas ajudando-as a aprender a importante habilidade de serem menos crédulas.

Minha própria filha tomou para si a responsabilidade de identificar sexismo nos livros ilustrados que lia, assim que o mundo a tornou consciente de seu gênero e seus pais a tornaram consciente da opressão que enfrentava por causa dele; desde então, ela tem assistido até ao concurso de Miss eua sem nenhum desejo aparente de se transformar em uma cabeça de vento egomaníaca.

E vamos imaginar que não tivéssemos ensinado Alice a prestar atenção a estereótipos de gênero: por mais ardentes que sejam as convicções dos adultos a respeito de que tipo de livros as crianças não deveriam ler, nunca encontrei ninguém, nem uma única pessoa, que admita ter aprendido a ser má ou violenta a partir do mal e da violência que encontraram nos livros que leram quando pequenos. Mais uma vez, é justamente o oposto: uma aluna do curso de literatura infantil que ministrei este ano me mostrou um livro que ainda guarda como um tesouro, porque o adorava quando menina. Atualmente, porém, ela me disse, o esconde numa prateleira alta de um armário escuro, atrás da roupa de cama, pois hoje o acha detestavelmente racista, e não quer que seus próprios filhos o vejam e sejam por ele contaminados. O livro é mesmo racista. Chama-se *10 Little Negroes* [10 negrinhos], e conta a história de Choc'late Sam e sua esposa Ebony [Ébano, uma madeira de cor preta], que são "tão orgulhosos quanto qualquer *coon* [guaxinim]" de sua família de "*nigger boys*", que não para de crescer.*

---

* Trata-se de um antigo livro infantil do ilustrador alemão Walter Trier, que se originou em uma "*nursery rhyme*", um poema infantil. No poema original, 10 "negrinhos" vão desaparecendo um a um, por motivos vários, desde o primeiro, que vai dormir, até o último, que morre enforcado e, assim, "não sobrou nenhum". Encontrei na Internet uma imagem antiga da capa desse livro e, na verdade, o título era *Ten Little Niggers*. O livro e o poema de que se origina são racistas por vários motivos: antes de tudo, porque denominar uma pessoa negra como "*nigger*" é considerado tão ofensivo, que atualmente a palavra foi retirada dos dicionários de inglês, transformada em "*the N-word*". Para se ter uma ideia, havia um vídeo no Youtube sobre uma edição antiga do livro que foi retirado, por conter "conteúdo impróprio". As imagens

Entretanto, como o desejo urgente de minha aluna de tirar esse livro de circulação sugere, ele não havia feito *dela* uma pessoa racista. Ela própria, quando pequena, não havia sido vítima do crime que, imaginava, o livro pudesse cometer sobre outras pessoas.

Então, pergunto-me se esses crimes foram cometidos alguma vez, se os livros por si próprios cumprem realmente uma parte significativa na formação de nossos valores menos palatáveis. Sim, seguramente os livros podem confirmar o que já suspeitamos a respeito do nosso mundo, ou talvez possam nos fazer questioná-lo, podem até oferecer novas escolhas a serem consideradas. Mas, com certeza, fazemos essas

---

internas do livro são estereotipadas e racistas, além de a palavra *"coon"* (guaxinim) também ser uma forma obviamente ofensiva para denominar as pessoas negras.

É interessante notar que há um livro da escritora Agatha Christie, com um mistério baseado na mesma *nursery rhyme*, que se chamava originalmente *Ten Little Niggers*, e cujo título foi mudado para *And Then There Were None*, último verso do poema. No Brasil, o título original do livro era *O caso dos dez negrinhos*, mas hoje é *E não sobrou nenhum*. Trata-se de um suspense envolvendo 10 pessoas presas numa mansão em que um quadro na parede reproduz o poema original e que vão morrendo, uma a uma (N.T.).

escolhas com base naquilo que já sabemos e somos. Se os livros ou programas de tv convencem as crianças daquilo que seus pais ou responsáveis preferem que não aprendam, isso pode ocorrer por duas razões: ou as crianças são inerente e imutavelmente más, a despeito das tentativas dos responsáveis de torná-las boas (uma conclusão que eu me recuso a aceitar), ou os pais responsáveis não ofereceram a suas crianças um contexto no qual elas provavelmente rejeitariam o mal.

Suspeito, assim, que os livros são sempre menos significativos para nossa educação do que os valores transmitidos por quem nos educa – mesmo os valores em que essas pessoas declaram acreditar e se esforçam por inculcar em nós, ou aqueles que realmente praticam e que nos ensinam apenas permitindo que os observemos. Também suspeito que esses últimos são os que, na realidade, ensinam a tantas crianças o amor pela violência e a falta de empatia pelos outros, os quais costumamos jogar a culpa na tv e nos quadrinhos. Os programas de tv e os livros criados para o grande público precisam ser populares para que deem lucro, e só podem se manter populares se refletirem os valores predominantes na sociedade – isto é, se se conformarem à realidade em que a maioria das pessoas acredita viver. Se declaramos não compartilhar dessa versão da realidade, mas não trabalhamos conscientemente para tornar as crianças sob nosso cuidado conscientes das objeções que temos aos valores (quase sempre objetáveis) que lhe são inerentes, então não podemos nos surpreender se elas aceitarem esses valores oriundos da tv e dos livros.

Em defesa do meu argumento, vou fingir que o que acabo de dizer, nesse caso específico, está errado, que as palavras que lemos *realmente* atuam sobre nós e que, não importa qual fosse a sua posição sobre o assunto antes de começar a ler este ensaio, consegui convencê-lo(a) de que estou certíssimo a respeito de tudo. Minha prosa insidiosa fez muito bem seu trabalho e triunfou sobre suas convicções mais profundas. Você se convenceu de que a censura é sempre absolutamente errada.

Mesmo assim, suspeito que você ainda é um(a) censor(a). Como disse anteriormente, quando se trata de livros para crianças, todos somos censores, mas os motivos pelos quais nos tornamos mais frequente e profundamente censores nada têm a ver com os valores, ou a violência, ou os estereótipos de gênero sobre os quais falamos. Têm a ver com a faixa etária.

Sejamos nós pais, professores, bibliotecários ou especialistas em literatura para crianças, há algo que todos queremos determinar para qualquer livro infantil que eventualmente caia em nossas mãos: para que *idade* é este livro? E, embora nos declaremos interessados em descobrir qual a *idade apropriada*, quase sempre dirigimos nossa pesquisa no sentido de definir a *inapropriada*: "Este livro é muito simples para uma criança de 4 anos?", perguntamos. Ou "Muito avançado para uma de 8?".

Quase todas as discussões de adultos sobre livros para crianças confirmarão a prevalência desse tipo de enfoque. Encontrei os seguintes comentários numa rápida olhada num volume recente do CM: *Reviewing Journal of Canadian Material for Young People* [CM: Um jornal de resenhas de materiais para jovens][1] – uma publicação destinada a orientar profissionais em suas compras para bibliotecas escolares e públicas:

> *Recomendado para as crianças pequenas até aproximadamente 8 anos* [mas, claro, não para alguém mais velho].
> *Deve agradar a meninas dos anos finais do ensino elementar**[e, obviamente, não àquelas que são mais velhas, e

---

* Trata-se do equivalente ao 2º e 3º anos do nosso Ensino Fundamental I (N. T.).

aparentemente qualquer menino confuso o suficiente para gostar disso vai precisar de terapia de gênero].

A complexidade do vocabulário, o conteúdo emocional e os elementos psicológicos tornam essa leitura inadequada para leitores que ainda não estejam em nível intermediário.*

Com muitas palavras, cerca de duzentas por página, um número grande demais para os aficionados por livro de imagens.

Leitores jovens podem ter dificuldade com as súbitas mudanças temporais... A narrativa será também um desafio para os leitores mais jovens, pelo fato de muitas expressões serem pouco familiares.

Mesmo as recomendações positivas são apresentadas na forma de comentários cheios de censura sobre que faixas etárias deveriam ou não ler um livro:

Tem texto demais e, em algumas partes, é uma narrativa sombria e assustadora. As ilustrações são intrincadas como tapeçarias. Se lida em voz alta ou

---

* Trata-se do equivalente ao período de 6º a 8º anos do nosso Ensino Fundamental II (N. T.).

recomendada a um leitor confiante, porém, com certeza vai agradar.

Esses resenhistas têm como ponto pacífico que a parte mais importante de sua tarefa é determinar que público *não* se deve incentivar a ter acesso a esses livros.
Em outras palavras: são censores.
E mesmo assim, tenho certeza, eles se ofenderiam por eu tê-los chamado de censores. Aposto que a maior parte deles, se não todos, defendem a liberdade de expressão e são ardorosos inimigos da censura.

E aposto também que identificariam a prática que chamei de censura como algo muito diferente. Talvez a chamassem de "seleção de livros" e a veriam como uma consequência natural de nossas preocupações humanas, enquanto adultos responsáveis, com o bem-estar das crianças sob nossa responsabilidade.

Mas assim como "literatura erótica" é um outro nome para a pornografia que aprovamos, seleção de livros é um outro nome para a censura que aprovamos.
E é igualmente suspeito.
Por um lado, essas caracterizações das habilidades de idades específicas são perigosamente semelhantes ao tipo de estereótipos impensados que estão por trás

do sexismo e do racismo. Os pequenos de carne e osso raramente correspondem a essas generalizações sobre as habilidades ou interesses de "crianças" de idades específicas: o que um menino de quatro anos acha difícil, outro pode desprezar por ser simples demais, dependendo de sua personalidade, inteligência básica e experiência prévia com os livros e com a vida. Ao fazer essas proibições generalizadas, então, privamos muitos deles de experiências estimulantes e prazerosas com as quais são perfeitamente capazes de lidar.

Mas vamos imaginar por um momento que um número significativo de crianças não seja mesmo capaz, que determinado livro contenha uma quantidade de palavras com as quais muitas delas, de fato, possam não estar familiarizadas. Com certeza estaríamos muito mais à frente se considerássemos isso não uma razão para proscrever o livro, mas uma oportunidade de se aprender palavras novas. A seleção de livros baseada em faixas etárias para as quais os pequenos não estão preparados para a leitura é particularmente antieducativa – uma forma de impedi-los de aprender justamente sobre as coisas que pressupomos que ainda não sabem.

Mas sei que é improvável que lhe convença tão facilmente como fingi ter convencido anteriormente.

As pressuposições sobre a natureza da infância, que estão implícitas nessa obsessão pelas diferentes habilidades que crianças de diferentes idades têm, estão de tal maneira entranhadas em nossas atitudes culturais para com elas, que adquirem *status* de verdade inquestionável. Assim também é a convicção que a acompanha, a de que nós, adultos, temos a obrigação de protegê-las daquilo que consideramos inapropriado. Se somos de alguma forma censores dos livros para crianças, é porque nossas pressuposições sobre a infância, e por conseguinte também sobre a literatura infantil, são inerentemente censoras.

A simples existência de um conjunto de textos designados para crianças representa uma forma de censura. Alguns séculos atrás, tal literatura sequer existia, e por uma boa razão: as crianças não eram consideradas tão diferentes dos adultos a ponto de necessitarem de uma literatura especial. Tal necessidade emergiu apenas quando começou realmente a parecer que elas possuíam necessidades significativamente diferentes, necessidades quase sempre definidas em termos de sua relativa vulnerabilidade e da consequente obrigação dos adultos de protegê-las de um conhecimento completo e perigoso do mundo. Não surpreende que os primeiros livros infantis que surgiram na Europa no final do século XVI fossem edições expurgadas dos clássicos: livros censurados.*

Quando a literatura para crianças apareceu, as coisas continuaram assim. C. S. Lewis disse uma vez que gostava de escrever livros para crianças porque "essa forma permite, ou obriga, a deixar de fora as coisas que eu queria deixar de fora".[2] Por definição, a litcratura para crianças é a literatura que deixa coisas de fora – isto é, aquela que censura.

As pressuposições sobre a natureza da infância que subjazem àquela censura continuam a ter um grande poder. Muitos de nós pensamos que as crianças são inocentes, isto é, que ignoram as restrições da maturidade adulta e, portanto, são selvagemente primitivas e debilmente suscetíveis ao mal, ou então isentas da permissividade da corrupção adulta e, por conseguinte, adoravelmente puras e com necessidade de

---

* Nodelman provavelmente se refere aqui não apenas às versões escritas dos contos de fada, publicadas por Charles Perrault (1697) e, depois pelos irmãos Grimm (1812 e 1813), mas também a nomes como Charles Lamb, Nathaniel Hawthorne, Charles Kingsley, Andrew Lang e outros escritores de língua inglesa que, no século XIX e início do XX, adaptaram mitos gregos e passagens da *Ilíada* e da *Odisseia* para crianças, retirando trechos que consideravam "inadequados". (N.T.)

proteção. Ambas as atitudes sugerem a necessidade de isolá-las, tanto da indecência da sexualidade quanto das limitações corruptoras da racionalidade adulta.

Em outras palavras, a infância, tal como a entendemos, *demanda* um comportamento censor por parte dos adultos: as crianças só poderão continuar a ser crianças na medida em que os adultos censurarem suas percepções do mundo adulto. E aparentemente temos uma profunda necessidade de assegurar que a infância dure o maior tempo possível. As respostas de muitos adultos às minhas recomendações positivas para livros infantis que contêm assuntos por eles considerados inadequados é: "Bem, elas até podem conseguir entender, mas por que precisam ler sobre coisas horríveis como essas enquanto são tão pequenas? Vão aprender sobre isso logo mais".

Durante esses séculos em que passamos a conceber a ideia de que as crianças são diferentes dos adultos em termos de limitações inerentes em sua habilidade para compreender, desenvolvemos um sistema altamente sofisticado para determinar exatamente quando e como isso acontece. Acreditamos que existem "estágios" no desenvolvimento do pensamento infantil e nas habilidades sociais e morais das crianças. Não apenas elas são diferentes dos adultos na forma como pensam sobre as coisas, como também as mais novas são diferentes das mais velhas: a espécie "humana" consiste em uma série de subespécies cronologicamente distintas, inerentemente estranhas umas às outras.

É por isso que nos preocupamos tanto com essas categorias etárias: até que realizem essas abruptas, e aparentemente mágicas, transformações de uma subespécie à seguinte, de um estágio ao seguinte, as crianças simplesmente não estão aptas a absorver mais que a porção limitada que o estágio em que se encontram permite, da mesma maneira que as lagartas não podem voar. Expô-las a mais que isso daria um curto-circuito em suas mentes, pensamos – queimando fusíveis importantes. Poderia ocorrer até de a cabeça delas explodir.

Nossos atos censores na seleção de livros têm, na verdade, a intenção de prevenir tais explosões. Muitas das pessoas com quem converso sobre esses assuntos estão convencidas de que dar aos pequenos livros que não são adequados ao estágio em que se encontram – isto é, que não são suficientemente simples – vai, de alguma maneira, extinguir qualquer desejo que poderiam ter de pensar de outro jeito ou de ler um outro livro.

Também não ajuda quando consigo fazer esses adultos admitirem que eles próprios já leram, alguma vez, livros com palavras desconhecidas, e que isso não lhes causou nenhum dano, que eles conseguiram suportar palavras como "onomatopeia" ou "ecdisteroides", e sobreviveram sem explodir. E, ainda mais, sobreviveram para ler outra vez. Antes que consiga persuadi-los de acreditar em suas próprias experiências reais para além de suas convicções teóricas sobre o significado de idades e etapas, preciso questioná-los.

Acontece que isso é fácil de fazer. A ideia de que a infância consiste em uma série de estágios relacionados a idades específicas é uma versão das teorias cognitivas do psicólogo suíço Jean Piaget e, como ocorre frequentemente, a versão que se expressa é incorreta. O próprio Piaget jamais sugeriu que as relações entre os estágios de desenvolvimento e as idades cronológicas das crianças fossem tão rígidas quanto acreditam muitos de seus seguidores, ou que é preciso impedir o acesso de crianças de determinados estágios à informação, porque elas não conseguem lidar com ideias ou experiências desconhecidas. De fato, ocorre justamente o contrário: Piaget deixa claro que elas *precisam* de novas ideias e experiências a serem assimiladas para que possam passar para um novo estágio, e que elas farão a passagem apenas quando tiverem a informação, e não simplesmente porque chegaram a algum mágico momento decisivo.

Pelo contrário, Piaget afirmou que era impossível para as crianças aprender conceitos que ele definia como acima de seu estágio de desenvolvimento – uma ideia que a pesquisa mais recente na área do desenvolvimento cognitivo questionou seriamente. Versões levemente diferentes dos experimentos nos quais Piaget baseou suas teorias apontaram que as crianças podem chegar a tipos de pensamento teoricamente impossíveis em estágios surpreendentemente iniciais.

A pesquisa contemporânea também desafiou a ideia de que o desenvolvimento seja uma série de mudanças periódicas de um estado distinto para outro. Estudos recentes sugerem que a aprendizagem ocorre gradualmente numa série contínua de pequenos passos, desde que haja novas experiências a partir das quais as crianças (e os adultos) possam aprender. Embora os diferentes estágios descritos por Piaget pareçam realmente existir, estudos sugeriram que eles podem ser culturalmente impostos, resultado de motivos como as típicas idades de entrada na escola e nossas expectativas como adultos com relação ao tipo de experiências que as crianças conseguem processar. Como diz Barry J. Zimmerman, "o que aparenta ser maturacionalmente 'normal' no processo cognitivo e no desempenho reflete, depois de se examinar mais de perto, um sistema culturalmente imposto de 'estímulos e freios'".[3]

De acordo com o psicólogo cognitivista Charles Brainerd, de fato, "as objeções empíricas e conceituais à teoria [de Piaget] tornaram-se tão numerosas que ela não pode mais ser encarada como uma força positiva na corrente predominante da pesquisa sobre o desenvolvimento cognitivo".[4] Brainerd, entretanto, diz que "sua influência continua profunda em áreas correlatas, como a Educação e a Sociologia"[5] – e também, claro, na discussão sobre livros infantis. Não há nenhuma razão – exceto, talvez, nosso rígido apego a uma teoria claramente ultrapassada – para não seguirmos o caminho apontado pelos psicólogos cognitivistas e pararmos de utilizar concepções insustentáveis de estágios na infância como o fundamento para dizer não a livros para crianças.

Particularmente quando os "estágios" que imaginamos administrar com sucesso se tornam profecias autorrealizadoras. As crianças privadas de informação por adultos que pressupõem que elas não conseguem absorvê-las serão tão egocêntricas e ilógicas quanto a teoria dos estágios sugere que serão. Negado a elas o conhecimento, permanecerão ignorantes.

É claro, contudo, que a ignorância é apenas uma outra palavra, menos positiva, para "inocência", e isso nos leva de volta a outras pressuposições sobre a infância que esbocei acima – a nossa rejeição a livros que pensamos serem capazes de corromper ou até acabar com a inocência da infância. Para defender meu ponto de vista sobre o perigo de nossas suposições censoras com relação à seleção de livros, preciso defender que as crianças não são, ou não deveriam ser, inocentes.

É fácil defender que a infância *não é* particularmente um período de inocência, tristemente fácil. Se levarmos em consideração não nossos ideais e mitos sobre esse período, mas nosso conhecimento real sobre suas vidas de verdade, nos daremos conta bem rápido de como é surpreendentemente pequeno o número de crianças que são mesmo inocentes. Aquelas cuja sobrevivência depende de adultos que compram seus serviços sexuais com certeza não são inocentes, tampouco as que estão sujeitas a abuso sexual e físico por parte de pessoas da família. Aquelas que passam fome nas ruas dos países do Terceiro Mundo e, com muita frequência, as que vivem nos becos do Primeiro Mundo, também não são inocentes, não têm tempo para ser inocentes, se quiserem ter alguma esperança de sobreviver. Aquelas que têm onde morar, mas num estado de pobreza que não consegue protegê-las do conjunto de experiências de seus pais e dos irmãos mais velhos tampouco são inocentes; nem as aparentemente protegidas, filhas de ricos alcoólatras, maníaco-depressivos ou executivos de grandes corporações que estão ausentes de casa.

Nem são particularmente inocentes as numerosas (espero) crianças que têm sorte o suficiente para estar livres desse catálogo de infortúnios. Não se assistem à TV ou têm contato com outras crianças que o fazem; se interagem de alguma forma com quaisquer outros seres humanos falíveis, incluindo aqueles que se esforçam tanto para mantê-las inocentes.

Mas, você bem poderia argumentar, esses são exatamente os tipos de experiências feias, brutais, destruidoras da esperança pelas quais as crianças *não deveriam* passar. Tais experiências deturpam e prejudicam as pessoas; com certeza, proteger as crianças desse tipo de coisa é uma forma de mantê-las saudáveis e sãs. Com certeza, a agnose-de-tirar-da frente é boa para as crianças.

Então as crianças *deveriam* ser inocentes? Sim, óbvia e idealmente – inocentes das experiências reais de fome, de caos emocional, de exploração por maníacos sexuais e adultos propensos à violência. Não tenho nenhuma intenção de defender que a fome e a exploração lhes façam bem – elas não fazem bem aos seres humanos.

Por outro lado, defendo, sim, que a *consciência de sua existência* faz bem aos seres humanos, inclusive às crianças. Se você tem consciência de algo, pode até pensar sobre isso sem nunca ter que realmente experimentá-lo. E pensar sobre o mal, com certeza, é a nossa melhor defesa contra ele.

A não ser, é claro, que se acredite que o mal é inerentemente mais atraente que o bem. Não é o meu caso. Acredito que o mal e a violência são tão inerentemente repugnantes e dispensáveis, que não é preciso pensar muito para revelar os limites até de formas prazerosas de autocomplacência, desde que a pessoa tenha desenvolvido estratégias para concretizar esse pensamento.

Acredito também que as crianças a quem se dá a oportunidade de conhecer tais coisas e condições a fim de elaborar estratégias para pensar sobre elas não chegarão necessariamente às mesmas conclusões que eu, mas, com certeza, chegarão a conclusões sutis e refletidas, que levem em consideração o maior número de fatos possível. As teorias do desenvolvimento moral, como as de Lawrence Kohlberg,* que sugerem que, na verdade, as crianças não são capazes de realizar tal elaboração, não só se baseiam em pressuposições piagetianas que não são mais sustentáveis, como também foram submetidas a ataques severos, e

---

* Lawrence Kohlberg (1927-1987) foi um psicólogo estadunidense, um seguidor de Jean Piaget, cujas pesquisas se dirigiram ao estudo do desenvolvimento moral no ser humano. Ele considerava, *grosso modo*, que nosso desenvolvimento moral passa por três níveis: a) o nível pré-convencional, em que ele é egocêntrico e obedece a ordens por medo da punição ou para ganhar recompensas; b) o convencional, em que a moralidade se constrói na obediência a regras sociais, primeiro de forma rígida, depois pensando na obediência como uma necessidade social; e c) o pós-convencional, que consiste em possuir princípios abstratos, como os direitos humanos básicos, que permitem relativizar a validade das normas sociais quando necessário. No estágio mais alto desse nível, a pessoa é capaz de avaliar as normas, práticas sociais e instituições baseada em princípios abstratos de justiça e moralidade. Embora a teoria de Kohlberg possa ser e tenha sido criticada por sua rigidez e seu viés masculino, ela continua sendo importante em vários campos do conhecimento para elaborar hipóteses sobre o comportamento moral das pessoas (N.T.).

merecidos, por serem tanto machistas e chauvinistas quanto eurocêntricas: privilegiam as mesmas atitudes de seus criadores homens, considerando-as como o ponto mais elevado da evolução moral. Já é hora de pôr essas teorias para descansar e tentar ajudar crianças de todas as idades a serem tão sutis em seu pensamento moral quanto gostamos de acreditar que nós mesmos somos.

No mínimo, permitir às crianças o conhecimento do mundo nos dará a liberdade de discutir o assunto, de compartilhar com elas nossas opiniões a respeito; ao passo que, se escolhermos mantê-las ignorantes a respeito das coisas que desprezamos, supondo que assim as estaremos protegendo, vamos nos privar da oportunidade de realizar tais discussões. Enquanto isso, é bastante improvável que elas estejam discutindo esses assuntos interessantes umas com as outras. E, podem me chamar de elitista, mas tenho mais fé na validade e solidez de meus próprios valores do que naqueles que são produzidos por um bando de crianças de 4 ou 14 anos de idade que, para proteger sua inocência, foram mantidas ignorantes do pensamento maduro. Alguém como eu, que é velho o suficiente para lembrar o que o *playground* nos ensinou sobre assuntos como sexo e aquilo de que as mulheres *realmente* gostam, na ausência de qualquer discussão pública ou parental de tais tópicos, entenderá por que chegamos a esta conclusão: a ignorância não é particularmente uma bênção, e raramente é inofensiva.

Realmente estou convencido de que as pessoas que desconhecem aquilo que seres morais e ponderados considerariam maldade podem causar mais malefício do que aquelas que estão conscientes do seguinte: é a ignorância e não o conhecimento que destrói o paraíso.

A verdadeira inocência não é ignorante. Permanecer inocente, isto é, tentar não fazer o mal, requer o conhecimento do que é o mal. É o conhecimento, então, que protege a inocência: só aqueles armados com o conhecimento do mal e o hábito de refletir sobre as implicações práticas e éticas de seu próprio comportamento ou do comportamento alheio é que dispõem dos meios para serem bons. E tenho a certeza de que isso inclui principalmente as crianças.

Assim, chego aqui à essência de minha própria filosofia para a seleção de livros: não tenham medo daquilo que as crianças podem não entender, mas deveriam, ou daquilo que poderiam entender, embora não devessem. Tenham esperança de que elas vão entender. Incentivem-nas a aprender. Deixem-nas lerem tudo o que lhes interessa, em qualquer grau de dificuldade com o qual elas próprias decidirem que podem lidar, para que possam descobrir o que quer que seja que sintam necessidade de saber. Permitam-lhes o acesso ao conhecimento do mundo do jeito que ele é, a livros que o descrevam como ele é, tanto quanto elas próprias desejarem saber, e incentivem-nas a desejar saber de tudo da forma mais completa, profunda e sutil possível. E se acharmos que não vão entender algo, então vamos ajudá-las a aprender como entender: ensinar-lhes os hábitos da mente e as estratégias que lhes fornecerão experiências de leitura ricas, cheias de sentido e produtivas.

Nem sempre tive esse bom senso. Aprendi com meus filhos. Quando eram pequenos, Josh, Asa e Alice selecionavam os livros que queriam olhar ou que fossem lidos para eles de uma prateleira que continha todos os livros para crianças que tínhamos em casa. Era uma seleção eclética: continha não só livros que eu achava que eram bons, mas também aqueles que eu havia comprado, para uso em minhas aulas de literatura infantil, como maus exemplos – exemplos de má literatura e, às vezes, até aquilo que eu via como contendo valores maus, idiotas ou superficiais. Para meu desgosto, eles frequentemente escolhiam os meus maus exemplos, e gostavam deles. E eu não posso negar que sentia a urgência paterna primordial de limitar suas escolhas, apesar da oposição à censura que eu fazia de forma pública e em bom som. Mas, então, percebi que as crianças nunca pareciam estar terrivelmente interessadas ou influenciadas pelos maus valores, e elas também escolhiam com frequência meus bons exemplos tanto quanto os maus. O acesso às tentações do mal não parecia levá-las a abandonar a apreciação daquilo que seus pais lhes estavam ensinando, de outras maneiras, que era bom. Então, engoli meu desgosto, reforcei minha determinação de viver com base em meus princípios e deixei-os escolher o que quisessem.

Pouca coisa mudou depois que eles aprenderam a ler e foram ganhando mais controle sobre sua seleção de livros. Não mais restritos aos livros infantis ou a outros livros que acontecia de termos em casa, eles liam o que queriam, ainda que, de vez em quando isso ocorresse apenas depois de eu passar por mais uma luta com minha consciência sobre permitir que agissem assim.

E o resultado? O livre acesso ao conhecimento não transformou nenhum de meus filhos em monstros, pelo menos não naquilo que *eu* consideraria monstruoso. Adolescentes agora, parecem, perante seu orgulhoso pai, pessoas ponderadas, sensíveis, humanas, responsáveis e felizes: seres morais apesar de – ou, acredito, por causa de – seu vasto e precoce acesso ao conhecimento do mal, da sensualidade, da anatomia, da vulgaridade e da violência.

Devido a esse acesso, é claro que meus filhos nunca foram as criaturas "infantis" que nós adultos declaramos admirar. Desde cedo, seu conhecimento lhes deu uma noção de seu próprio poder: seu direito a serem ouvidos e levados a sério e sua liberdade para avaliar o comportamento de outras pessoas, incluindo os adultos, com um olhar atento e, às vezes, crítico. Não posso negar que essas qualidades tenham de vez em quando me incomodado, e até enraivecido alguns de seus professores – um número suspeito que me disse que as crianças deveriam respeitar os mais velhos, não importa quão intimidadores ou idiotas ou limitados esses mais velhos se davam o direito de ser. Na verdade, foram principalmente essas conversas perturbadoras com indivíduos surpreendentemente insensíveis, autodefensivos, que estavam envolvidos profissionalmente com o cuidado de jovens, que confirmaram minha fé em que o conhecimento que meus filhos tinham do mal e sua habilidade para pensar sobre ele de forma analítica se constituíram numa proteção para eles.

Isso não quer dizer que eu nunca rejeitaria um livro, ou programa de TV, ou peça em quaisquer circunstâncias. Meu apelo para que se dê mais liberdade às crianças em suas escolhas traz consigo uma importante ressalva: que isso aconteça no contexto de um interesse e um envolvimento ativos por parte dos adultos na vida delas em geral, e na leitura em particular, e de um esforço ativo por parte dos adultos a fim de lhes ensinar todas as habilidades para elaborar as respostas e análises críticas de que dispusermos. Sem tal contexto, as crianças poderão muito bem ser influenciadas por livros e programas de TV maldosos, superficiais ou idiotas. Esses programas existem e, consequentemente, nós, adultos, temos o direito – na verdade, a obrigação – de informar as crianças sobre o que consideramos mau, imoral, vulgar ou apenas simplesmente idiota, mesmo se o acesso a eles foi autorizado por nós.

Dessa forma, meus próprios filhos tinham que ouvir seus pais protestando sobre a estupidez de alguns livros que eles adoravam, embora os autorizássemos a gostar da estupidez. Quando eles eram pequenos, frequentemente me recusava a ler para eles livros de que eu mesmo não gostava – por exemplo, livros pelos quais, de alguma forma, eu havia perdido o interesse, depois de mais ou menos uma centena de leituras, ou qualquer coisa sobre os Ursinhos Carinhosos; eles podiam ler esses livros sozinhos o quanto quisessem, mas não sem ouvir antes a minha opinião. E tinham que ouvir a mãe e o pai falando o tempo todo, de forma debochada, sobre a idiotice de alguns dos programas de tv que fazíamos questão de assistir com eles – e tinham também de aprender a defender seu gosto ou a experimentar ou compartilhar o sarcasmo. Fico feliz em dizer que eles logo aprenderam as duas coisas. Embora hoje seus gostos e opiniões sejam frequentemente diferentes das de seus pais, eles compartilham nosso prazer e interesse nas discussões desses assuntos.

Em outras palavras, trabalhamos pesado para ensinar a eles que seu prazer em determinadas experiências acontece em meio a outras opiniões possíveis. Eles não apenas tinham que reconhecer a possibilidade de existência dessas outras opiniões, mas também que aprender formas de pensar sobre elas e defender ou abandonar seus gostos ou interesses. Sua inocência estava blindada, não apenas por terem o conhecimento, mas por aprender formas responsáveis de pensar sobre ele.

Alguns vão dizer que esse grau de envolvimento por parte dos adultos não é possível para todo mundo, que nem todos são especialistas em literatura infantil, que muitas pessoas que cuidam de crianças têm outras responsabilidades e simplesmente não dispõem de tempo para ler os livros que as crianças sob seu cuidado leem, ou assistir à TV que essas crianças assistem, quanto mais discutir essas experiências com elas. Mas ninguém precisa ter o conhecimento de um especialista para compartilhar com seus filhos sua própria resposta a um livro, apenas a disposição para responder honestamente e a ser honesto com eles a respeito dela. E, quanto àqueles que não têm tempo para essas conversas, não tenho nenhuma vontade de eximir os cuidadores da responsabilidade de ao menos se sentirem culpados por sua falta de envolvimento. As crianças *precisam* de cuidados, e um cuidado responsável demanda tempo e esforço – até mesmo o esforço de ler e conversar sobre alguns livros sobre esquilos falantes e fadas-princesas, se isso fizer com que aqueles pelos quais somos responsáveis não acabem absorvendo valores que consideramos abomináveis, e até mesmo se transformando no tipo de pessoas que dizemos detestar. E penso que é isso o que realmente importa.

Além disso, estou convencido de que poucos cuidadores se mantêm alheios à vida intelectual e imaginativa das crianças por indiferença ou falta de interesse. Uma vez despidos da crença no valor ou na inevitabilidade da ignorância na infância, os adultos com quem discuti esse assunto aceitaram com alegria a responsabilidade de lhes propiciar um conhecimento mais amplo do mundo e de guiá-los no sentido de desenvolver um entendimento mais inteligente.

Eles agem assim porque dar a si mesmos o direito a essa experiência lhes ensina algo muito importante: que a maior parte das crianças, quando lhes é dada a liberdade e a responsabilidade para fazer suas próprias escolhas, escolhe sabiamente. Em sua descrição, no livro *A teia de Charlotte*, do balanço feito de corda no celeiro de Zuckerman, E. B. White diz que os pais sempre temem que as crianças vão acidentalmente soltar a corda e se machucar. Mas, diz White: "As crianças quase sempre se agarram com mais força às coisas do que seus pais imaginam".* E acho que

---

* Trecho extraído de WHITE, E. B., *A teia de Charlotte*. Tradução de Valter Lellis Siqueira, ilustrações de Garth Williams.

elas se agarram mesmo, tanto a cordas quanto aos valores daqueles que cuidam delas, mas apenas se não lhes oferecermos uma falsa sensação de segurança ao tentarmos agarrar a corda por elas.

São Paulo, WMF Martins Fontes, 2004, p. 79. Trata-se de uma novela para crianças, publicada nos Estados Unidos em 1952, em que uma menina salva da morte um porquinho que nasceu abaixo do peso e cuida dele por algum tempo, mas acaba sendo obrigada a deixá-lo na propriedade de seu tio, onde a morte volta a rondá-lo. Ele acaba sendo salvo pela inteligência de Charlotte, uma minúscula aranha cinzenta que também vive no celeiro. (N.T.)

Ainda somos todos censores – e isso inclui Perry Nodelman[*]

Escrevi o ensaio sobre censura que precede este há mais de um quarto de século, e não o havia relido por mais ou menos o mesmo período. Assim, quando me perguntaram sobre a possibilidade de publicar sua tradução para o português, sabia que teria de fazê-lo. Talvez seja um sinal de meu ego excessivamente inflado que minha primeira resposta ao relê-lo tenha sido parabenizar a mim mesmo pelo quão inteligente eu era naquele tempo – e, claro, ainda sou, pois dei comigo mesmo concordando alegremente com a sabedoria daquilo que dissera tanto tempo atrás. Sim, disse a mim mesmo, ainda acredito que "não há *nada* que uma pessoa deveria ser impedida de dizer ou escrever

---

[*] Artigo escrito especialmente para ser publicado pelo Selo Emília. (N.E.)

– nada, não importa quão ofensivo, tacanho, estúpido ou perigoso eu possa pessoalmente achar isso. Nem qualquer coisa sexista ou racista. Nem representações neonazistas da história. Nem pornografia. Nada".* E, sim, ainda acredito que as crianças precisam ter acesso a uma ampla gama de livros e informações e ideias as quais muitos adultos tentam desesperadamente fazê-las ignorar, e ainda estou convencido de que "as pessoas que desconhecem aquilo que seres morais e ponderados considerariam maldade podem causar mais malefício do que aquelas que estão conscientes do seguinte: é a ignorância e não o conhecimento que destrói o paraíso".

Mas, então, pensei de novo no assunto. Durante esses anos todos depois de ter escrito aquele ensaio, entrei em contato com o trabalho de um grande número de acadêmicos e escritores de literatura infantil, oriundos daquelas que são consideradas minorias no Canadá, nos Estados Unidos, na Austrália e outros lugares, e senti muita empatia por suas preocupações a respeito de obras que reproduzem estereótipos

---

* Nodelman cita a si mesmo, em trechos do artigo anterior, algumas vezes. Assim, nesses casos, não vamos mencionar a fonte das citações. (N.E.)

raciais e culturais – de indígenas norte-americanos, ou de americanos e canadenses cuja ancestralidade é a África, por exemplo. Tive o prazer de assistir a um grande aumento do interesse em pesquisas sobre a frequência com a qual personagens que representam minorias aparecem nos livros para crianças, embora fique desanimado com as estatísticas reunidas pelo Centro Cooperativo dos Livros para Crianças* em Madison, Wisconsin, que aponta que, em 2017, embora os negros, latinos e americanos nativos constituíssem 37% da população dos EUA e mais de 50% dos alunos matriculados da Educação Infantil até o fim do

---

* O Centro Cooperativo do Livro para Crianças [The Cooperative Children's Book Center, CCBC], é um espaço em que se reúnem livros, ideias e expertise no campo da literatura para crianças e para jovens adultos. Trata-se de uma biblioteca da Faculdade de Educação da Universidade de Wisconsin-Madison, em que bibliotecários de bibliotecas públicas, professores, estudantes universitários e outros interessados no assunto podem pesquisar. Também ali pesquisam os administradores do programa de promoção da leitura "Read On Wisconsin" (algo como "Continue a ler, Wisconsin"), espalhado por todo o Estado. Esse centro é mantido pelo Departamento de Instrução Pública do estado de Wisconsin. Saiba mais em <tinyurl.com/yas4wxmx>. Acesso: jul. 2019. (N.T.)

12º ano[*] nas escolas públicas, apenas 7% dos livros para crianças publicados nos Estados Unidos naquele ano haviam sido escritos por autores pertencentes a esses grupos.[7]

Por outro lado, é reconfortante saber que a porcentagem de livros infantis que incluem personagens multiculturais lançados nos EUA, depois de flutuar em torno de 10% por duas décadas, triplicou entre 2012 e 2017. Enquanto isso, têm ocorrido longas discussões *on-line* sobre editores de livros para jovens que usam imagens de pessoas com a pele clara nas capas de livros com personagens de pele escura, e sobre produtores de filmes que colocam no elenco personagens de pele clara em versões para filmes de livros sobre personagens com a pele mais escura;[8] sobre o ainda baixo número de pessoas originárias de minorias que trabalham como editores ou *publishers*[**] nas principais

---

[*] Trata-se do equivalente ao nosso Ensino Médio (N.T.).

[**] No mercado editorial dos EUA há uma distinção entre o *publisher* – o profissional responsável pela orientação da linha editorial, aquele escolhe os títulos e autores a serem publicados e é responsável pelo negócio como um todo – e o editor propriamente dito, que é o profissional que cuida do processo de edição do livro. Aqui no Brasil, nas editoras pequenas o *publisher* costuma ser o proprietário; nas grandes,

editoras de livros para crianças nos EUA; e sobre os benefícios e as implicações negativas de esforços de pessoas no mercado editorial para oferecer conselhos aos autores não pertencentes a minorias sobre suas representações de personagens oriundos de minorias, por meio da contratação de "leitores sensíveis" [*sensitivity readers*] – pessoas com conhecimento pessoal sobre os estilos de vida das minorias – para comentar trabalhos ainda em elaboração.[9]

Em 2015, ocorreu uma explosão de controvérsias sobre a representação de escravos no texto de Emily Jenkins e nas ilustrações de Sophie Blackall para o livro *A Fine Dessert* [Uma sobremesa gostosa]. Um comentador de um blog disse:

> Com relação às ilustrações, há demasiadas ilações que nos deixariam, como adultos, constrangidos sobre o que estaríamos dizendo às crianças sobre a escravidão:

---

na maior parte das vezes, um mesmo profissional realiza os dois trabalhos. Atualmente, com a crescente profissionalização do setor, surgiu também no Brasil a figura do editor de aquisição (*"acquisitions editor"*), responsável por obter novos originais ou títulos a serem traduzidos (N.T.).

1) Que as famílias escravas se mantinham intactas e tinham permissão para permanecer juntas.
2) Tendo como base o rosto sorridente da menininha... que ser escravo é divertido ou agradável.
3) Que, como escravo, desobedecer era um momento de diversão (ou, para usar a palavra da resenhista "relaxante"), um capricho, e não um ato perigoso que poderia provocar uma punição física dolorosa.*

---

* A *Fine Dessert* é um livro que mostra várias duplas de pais e filhos fazendo a mesma receita de uma sobremesa tipicamente norte-americana em várias épocas. O objetivo era apresentar diversas maneiras de realizar a receita no decorrer dos séculos, utilizando diferentes equipamentos domésticos. O problema se deu na parte relativa ao século XIX, quando a mãe e a filha representadas são negras e escravas. Em determinado momento a menina aparece sorrindo enquanto ela e a mãe colhem os blackberries e batem o creme, e, em outra cena, as duas, depois de servirem os patrões, lambem os restos da tigela, escondidas no armário. O livro provocou muito debate, a partir da publicação num blog de uma bibliotecária de um artigo com o título "A Fine Dessert: Sweet Intentions, Sour Aftertaste" (Uma sobremesa gostosa: doces intenções, um gosto azedo no final). A publicação, de 4 de agosto de 2015, pode ser lida em: <tinyurl.com/y8mckf6d>. Para aqueles que quiserem refazer o percurso da discussão, as resenhas positivas citadas pela autora do blog são: <tinyurl.com/y8zb3zbr>; <tinyurl.com/y7ystldt> e <tinyurl.com/ocbq6rc>. O trecho

Jenkins reconheceu a natureza problemática daquilo que havia retratado e pediu desculpas. Blackall não quis fazer o mesmo, dizendo que o livro "não representa os horrores da escravidão, mas [que] não acredit[ava] que tal representação seria apropriada para aquela faixa etária".[10] Então, por que realizar a representação, afinal?, alguém poderia perguntar, ao que Blackall responde: "Queria saber se a única maneira de evitar ser ofensivo teria sido deixar a escravidão totalmente de fora, mas compartilhar esse livro nas visitas às escolas tem sido uma experiência extraordinária e as respostas positivas de professores, bibliotecários e pais foram impressionantes". Isso soa para mim como uma forma peculiar de evitar a responsabilidade pessoal: eu fiz isso, Blackall reconhece, mas uma porção de gente gosta [do livro] e de sua falsa representação da escravidão, então é claro que não fiz nada errado.*

---

da crítica citado por Nodelman está no blog The Horn Book e pode ser encontrado em: <tinyurl.com/y76gl5tc>. Acesso: ago. 2019.

* A carta de desculpas completa de Emily Jenkins, assim como os comentários que se seguiram à sua publicação, podem ser lidos no blog "Reading While White. Working for

Logo depois da controvérsia envolvendo *A Fine Dessert*, desenvolveu-se uma outra, a respeito de outro livro ilustrado *A Birthday Cake for George Washington* [Um bolo de aniversário para George Washington], de Ramin Ganeshram, ilustrado por Vanessa Brantley-Newton, por causa de uma minimização semelhante do horror da escravidão. Imediatamente, a editora Scholastic deu o passo extraordinário de retirar o livro de circulação porque "sem um contexto histórico mais amplo dos males da escravidão que tal obra pode apresentar às crianças menores, o livro pode dar uma falsa impressão da realidade das vidas dos escravos".*

---

racial diversity and inclusion in books for children and teens" [Lendo como branco. Lutando pela diversidade e inclusão racial em livros para crianças e adolescentes] – ver: <tinyurl.com/y8lc7wgx>. Acesso: ago. 2019. Já Sophie Blackall, que não aceitou as críticas, respondeu em seu blog em outubro de 2015. Cf. <tinyurl.com/p8veuuv>. Acesso: ago. 2019 (N.T.).

* Um resumo do incidente ocorrido com este segundo livro pode ser encontrado na Wikipedia: <tinyurl.com/y9yq7876>. No final do verbete há vários links para o que se escreveu pró e contra o livro (mais contras que prós), que foi acusado de apresentar "uma visão incompleta e até desonesta da escravidão", por Vicky Smith, resenhista da *Kirkus Review*. Em sua resenha ela compara os dois livros e se detém mais sobre o segundo – ver: <tinyurl.com/yc5j9ls2>. Acesso: mai. 2020 (N.T.)

Mais recentemente, em resposta a uma controvérsia *on-line* sobre as formas nas quais aspectos do mundo da fantasia de *Blood Heir* [Herdeira de sangue], sua novela para jovens, pareciam representar e aceitar a história da escravidão nos EUA, sua autora, a imigrante sino-americana Amélie Wen Zhao, pediu ao seu editor para adiar a publicação, dizendo: "A narrativa e a história da escravidão nos Estados Unidos não são assuntos sobre os quais eu poderia, escreveria ou pretenderia escrever, mas reconheço que não estou falando apenas sobre meu próprio contexto cultural. Sinto muitíssimo pelo sofrimento que isso causou".*
E, conforme escrevi em março de 2019, Kosoko Jackson pediu ao seu editor para retirar de circulação sua novela histórica para jovens *A Place for Wolves* [Um lugar para lobos], depois que os leitores das *advance copies* reclamaram da representação problemática da guerra do Kosovo, do genocídio e das personagens muçulmanas.**

---

* Sobre o assunto e suas decorrências, ver, no *New York Times*, "*She Pulled Her Debut Book When Critics Found It Racist. Now She Plans to Publish*"– Cf.: <tinyurl.com/y9xay7y4>. Acesso: ago. 2019 (N.T.).

** No mercado editorial norte-americano é comum os editores

As pessoas que fizeram objeções sobre os escravos em *A Fine Desert* e retiraram de circulação *A Birthday Cake for George Washington*, *Blood Heir* e *A Place for Wolves* foram todas acusadas, de forma muito correta, de censura – elas realmente mais ou menos baniram os livros. Mas à medida que acompanhei esses desenvolvimentos e controvérsias, fui tendendo a achar-me imensamente de acordo com aqueles que objetaram

---

publicarem exemplares antecipados de alguns livros, as "*advance copies*", para serem distribuídos a livreiros e resenhistas. Entre esses se incluem agora os "*sensivity readers*". Se a reação ao livro não for boa, ou se houver críticas, o livro pode deixar de ser publicado ou passar por modificações. Há duas questões intrigantes para a discussão sobre censura, no caso de Kosoko Jackson: uma é que ele próprio, negro e assumidamente gay, trabalhava como "leitor sensível" para algumas editoras para avaliar a existência de situações desrespeitosas para com a(s) "minoria(s)" que representa; outra, que seu livro havia sido elogiado por alguns leitores por tratar de um romance entre dois rapazes negros. As críticas, porém, vieram de outra direção: por mostrar uma guerra genocida sem a profundidade histórica necessária e por retratar personagens muçulmanos de forma estereotipada. Para se aprofundar no assunto, ver <tinyurl.com/y8accwnv>, e um artigo do jornal *The New York Times*, em que a jornalista Jennifer Senior discorda do banimento do livro: <tinyurl.com/y4r8rhcz>. Acesso: ago. 2019 (N.T.).

à presença das caras brancas nas capas de algumas novelas para disfarçar a presença de personagens negras, o que, portanto e presumivelmente, limitaria o número de leitores, pois o senso comum sugere que, embora leitores pertencentes a minorias, na ausência de outras possibilidades de escolha, leriam de boa vontade sobre personagens brancas, leitores brancos não estão interessados em personagens com pele mais escura. Embora a pele escura sempre afete o estilo de vida e as oportunidades de uma personagem, um número demasiado grande de pessoas brancas pressupõe que a pele branca não tenha nenhum efeito sobre essas coisas. Também concordei com as objeções às mentiras e às falsas representações da vida de negros e muçulmanos, no passado e no presente, nos livros para jovens. Fiquei surpreso ao ver que a Scholastic tomou a extraordinária iniciativa de retirar do mercado um livro que já havia lançado e que os editores das novelas de Zhao e Jackson tenham decidido não levar adiante a publicação até que algum tipo de revisão ocorresse, mas, preciso admitir, não fiquei infeliz pelo fato de terem feito isso. Não há nada inerentemente errado com um livro ilustrado para crianças que represente o mundo como um lugar utópico eternamente cheio de raios de sol e sorrisos – mas daí, por que incluir representações de escravos sorridentes na utopia? Nesse sentido, por que representar um lugar onde há escravos como uma utopia? Deveriam os leitores infantis ser incentivados a se sentir bem em relação à escravidão? E por que levar adiante a publicação de estereótipos insensíveis e incorretos se você foi alertado e tem a opção de se livrar deles? As muitas objeções *on-line* à submissão desses autores a seus críticos, considerando-a como uma negação de sua liberdade de expressão, pareceram esquecer que trabalhar no desenvolvimento de uma história é um processo contínuo de repensar e de se autocensurar. Assim, se os autores têm a sorte de encontrar um editor que considere a obra adequadamente publicável dentro das limitações de pressupostos vigentes sobre por que e que tipo de livros podem ou não ser publicados, eles vão receber conselhos ou até serão instados a fazer mudanças por seus editores, eles próprios restringidos por seu conhecimento sobre aquilo que torna um livro vendável. Durante todo o percurso que leva a um livro impresso, os autores precisam escolher como agir em resposta a todas essas forças, e as escolhas são frequentemente de autocensura. A única diferença entre a prática padrão que restringe as escolhas dos autores em cada estágio da escrita e da publicação e a solicitação de Zhao e Jackson para adiar a publicação é que sua consciência sobre o que poderia ser problemático chegou tarde demais e ocorreu publicamente demais – o que me parece um bom argumento para a utilização de leitores sensíveis.

Minha descoberta cada vez maior de conteúdos inconscientemente racistas nos livros para crianças e minha vontade de tornar evidente meu incômodo com isso nutriu-se do contato com a obra de estudiosos como Ebony Thomas, cujo livro *The Dark Fantastic* [O fantástico escuro*] explora, de forma perspicaz, as

---

* THOMAS, E. *The Dark Fantastic: Race and the Imagination from Harry Potter to The Hunger Games*. New York: New York University Press, 2019. Um livro que, segundo a resenha no site da Amazon, "revela a crise de diversidade na mídia destinada a crianças e jovens não apenas como uma falta de representação, mas como uma falta de imaginação". Também segundo a resenha, o autor analisa quatro moças negras protagonistas de alguma das histórias mais populares do século XXI: Bonnie Bennett, da série de livros e de TV *Vampire Diaries*; Rue, dos livros e da série de filmes *Jogos vorazes*; Gwen, da série televisiva *Merlin*, realizada pela BBC; e Angela Johnson, da série e dos filmes de *Harry Potter*, revelando como as narrativas e as reações do público "espelham a violência contra pessoas negras e pardas em nosso próprio mundo". Disponível em: <tinyurl.com/yd4pttm6>. Acesso: mai. 2020 (N.T.).

implicações das representações de personagens de pele mais escura, como Rue, no livro de Suzanne Collins, *The Hunger Games* [*Jogos vorazes*], e de Angelina Johnson em *Harry Potter*, de J.K. Rowling, e as reações do público a essas personagens. Fiquei feliz em ver o desenvolvimento de um conjunto de estudos, agora possível de ser identificado como um verdadeiro campo de conhecimento: Estudos de Diversidade, como o que é representado pelo trabalho da acadêmica americana de origem coreana Sarah Park Dahlen, coeditora, com Jamie Naidoo, do manual sobre literatura multicultural para crianças e jovens *Diversity in Youth Literature: Opening Doors Through Reading* [Diversidade na literatura para jovens: Abrindo portas através da leitura] e uma das fundadoras da nova publicação *Research on Diversity in Youth Literature* [Pesquisa sobre diversidade na literatura juvenil].[11] Fui especialmente convencido pela determinação de pessoas como Debbie Reese, registrada como membro do Pueblo de Nambé, no Novo México, e autora do influente blog *American Indians in Children's Literature*,[12] a identificar onde e como livros antigos e novos repetem velhos clichês e estereótipos sobre personagens que têm em comum sua origem indígena.

Por exemplo, quando Reese aponta, em resposta a descrições de americanos de origem indígena na ficção para crianças: "Nem todos as pessoas nativas têm cabelo escuro, pele escura, olhos escuros e mandíbulas salientes, mas essa é a descrição física padrão de muitos autores",[13] ela cita como evidência não apenas um grande número de personagens indígenas com mandíbulas acentuadas, mas também uma cena numa novela de Harry Potter, na qual Harry olha para um retrato da mãe de Dumbledore, que "tinha cabelos muito negros amarrados num rabo de cavalo alto... Harry lembrou de fotos de americanos nativos que ele havia visto, enquanto estudava seus olhos negros, maçãs do rosto salientes e seu nariz reto". Reese também encontra, muito frequentemente, exemplos de autores de livros para crianças que utilizam casualmente uma longa lista de estereótipos racistas – frases como *"war whoop"*, *"off the reservation"*, *"like a bunch of wild Indians"*, *"low man on the totem pole"*, *"bury the hatchet"*, *"circle the wagons"*, *"happy hunting grounds"*, *"Indian giver"* ou *"on the warpath"** – para descrever o

---

* Trata-se de várias expressões de uso corriqueiro em língua inglesa, mas que têm origem em ideias ofensivas aos povos indígenas. Significam, respectivamente, na sequência em

comportamento de personagens não indígenas, sem nenhuma consciência ou preocupação aparente com a sua histórias e suas implicações racistas.

O conhecimento consciente de Reese com relação à consequência de frases como essas vem, é claro, do fato de ela ser membro do grupo que elas arrogantemente estereotipam. O que acho mais fundamentado em seu trabalho é sua preocupação com as crianças indígenas leitoras, que podem, por acaso, dar com esses insultos inconscientes. Como ela afirma em

---

que aparecem no texto: grito de guerra de povos indígenas/ uma forma desrespeitosa de se referir a indígenas excluídos de seus grupos, mas que acabou se tornando uma expressão coloquial/ literalmente, "como um bando de índios selvagens"/ literalmente, "o sujeito mais baixo no totem", expressão usada para designar a pessoa menos importante em uma organização, situação/ "enterrar o machado", expressão usada para significar "fazer a paz"/ expressão usada originalmente nas caravanas para colocarem as carroças em círculo, para se defender de ataques indígenas/ para alguns grupos indígenas, o paraíso para onde vão os guerreiros depois de mortos/ expressão pejorativa, que tem suas origens no século XVII, e quer dizer aquele que dá alguma coisa e pega de volta/ originalmente, caminho ou rota tomada para expedições guerreiras (N.T.).

seu ensaio "*Indigenizing Children's Literature*" [Indigenalizando a literatura para crianças],

> a autoestima das crianças nativas é mais que frequentemente agredida em suas salas de aula – não intencionalmente – quando os professores ou bibliotecários, sem nenhuma preocupação crítica, compartilham livros com imagens de indígenas como selvagens primitivos ou outras desinformações históricas ou culturais. As estratégias que apoiam a construção de nações indígenas excluem o uso acrítico de livros para crianças com imagens que tendem direta ou indiretamente a prejudicar os esforços de uma criança para estabelecer uma identidade como uma pessoa nativa.[14]

Em meu velho ensaio sobre censura [publicado na primeira parte deste volume], descarto o efeito potencial do racismo no livro de Walter Trier *10 Little Negroes*, a obra que minha aluna branca se recordava de amar na infância, mas que na época mantinha na prateleira mais alta de um guarda-roupa escuro, a uma distância segura de seus próprios filhos. Embora reconhecesse o detestável racismo da história de Choc'late Sam e sua esposa Ebony, "que estavam orgulhosos como qualquer *coon* [guaxinim]" de sua família de "*N***** boys*" – prestem atenção na minha decisão de não escrever agora a *N-word* por inteiro, como fiz anteriormente –, expliquei que o horror de minha aluna como uma adulta estabelecia claramente que sua leitura do livro quando criança não *a* tornara racista. O que não me ocorreu pensar enquanto dizia isso foi na criança que compartilhasse a cor da pele de Choc'late Sam, o tipo de leitor jovem sobre cuja autoestima Debbie Reese com razão se preocupa tanto, lendo esse livro. É possível, vejo-me perguntando agora, que a tranquilidade com a qual eu naquele momento proclamei que não havia "nada que uma pessoa deveria ser impedida de dizer ou escrever" incluindo "qualquer coisa sexista ou racista" tenha se originado de minha falta de experiência pessoal, como um homem velho e branco, de encontrar esse tipo de estereótipos sobre pessoas como eu, nos livros para crianças? Já que a minha própria autoestima não era agredida dessa forma inegavelmente penosa, era justo que eu recomendasse sempre um desafio tão inflexível a toda censura a outros menos afortunados?

Tem havido muitas discussões nos anos recentes sobre aquilo que acabou ficando conhecido como privilégio dos brancos: a liberdade de ignorar a forma como a cor da pele de uma pessoa permite que ela deslize pela vida sem ter que lidar com todas as limitações (que emergem de uma forma generalizada) a que as pessoas negras estão sujeitas, mas quase sempre inconsciente de preconceito – o que Peggy Mcintosh, em seu ensaio de 1988 "*White Privilege and Male Privilege*" [Privilégio branco e privilégio masculino], identifica como "uma mochila invisível e sem peso, de provisões especiais, certezas, ferramentas, mapas, guias, livro de códigos ["*codebooks*"], passaportes, vistos, roupas, compasso, equipamento de emergência e cheques em branco"[15] a que, diferentemente de outros, as pessoas brancas têm acesso. Como o título dado por Mcintosh sugere, além disso, como um homem velho e branco numa sociedade que permanece inacreditavelmente patriarcal, eu também possuo um privilégio masculino equivalente – e, como um homem branco relativamente rico, obviamente, também desfruto de pelo menos algum poder de privilégio de classe. Foi excessivamente fácil para mim não ter consciência de como sou afortunado, e como foi fácil fazer declarações tão generalizantes sobre não aceitar nenhuma forma de censura nos livros infantis.

Nos anos recentes, aprendi a ficar pelo menos consciente desse tipo de coisas. Em resposta a um dos *posts* de Debbie Reese em seu blog, escrevi o seguinte:

> Recentemente, me conscientizei de forma dolorosa de minha própria expressão do privilégio branco quando, ao ler velhos textos que estava pensando em publicar no Academia.edu,* deparei-me com um artigo meu sobre o livro *Sing Down the Moon* [Cantar sob o luar], de Scott O'Dell, que foi publicado no *The Horn Book*** em 1984. Está repleto de elogios a uma novela sobre a "Long Walk" [A grande caminhada], de 1863, na qual soldados norte-americanos forçaram todo o povo Navajo a se deslocar, depois de destruírem suas aldeias e plantações. Entre outras coisas, digo que admiro a escolha de O'Dell em não dar um nome a sua jovem narradora Navajo na maior parte do livro – uma escolha que eu via, em 1984, como uma forma de universalizá-la e torná-la uma personagem verossímil e por quem se podia sentir empatia, e que agora vejo como

---

* Trata-se de um site em que estudiosos compartilham artigos sobre inúmeros assuntos. Ver: <www.academia.edu> (N.T.).

** Trata-se de um blog que comenta livros para crianças e jovens. *Cf.*: <tinyurl.com/yckze56l>. Acesso: ago. 2019 (N.T.).

um comentário sobre a privação de sua personalidade que, na verdade, confirma e reforça essa privação. Também comemorei a representação por O'Dell do estoicismo e da recusa dos Navajo em expressar ódio pelo que estava acontecendo com eles – uma outra confirmação de um velho estereótipo.

O pior de tudo, é que ficou claro para mim enquanto lia esse velho ensaio que eu simplesmente tomava por verdade absoluta que nenhuma pessoa que fosse Navajo ou remotamente como um Navajo pudesse fazer parte do público do livro: "*Sing Down the Moon é sobre gente diferente de nós*", concluía, clara e inconscientemente assumindo que todos os leitores desse livro seriam brancos como eu. Ainda agora estou em luta comigo mesmo sobre se deveria ou não publicar esse ensaio, como uma prova de como eu era ignorante e de quanto aprendi sobre esses assuntos nas últimas três décadas – muitas delas com você, Debby. Publicar o ensaio tinha o potencial de ser muito embaraçoso; não o fazer representaria mal quem já fui. Estou tendendo a publicá-lo no site.

Em todo caso, considero essas questões de racismo inconsciente – o meu próprio e o de outras pessoas brancas, especialmente outros homens brancos – profundamente perturbadoras. Não pretendo ficar calado sobre o racismo que achei tão problemático, mas estou consciente também dos aspectos perturbadores de minha escolha em falar sobre o que me perturba.

Minha única solução para esse dilema é colocar no primeiro plano, em qualquer coisa que eu escrever sobre esses assuntos, minha consciência dos aspectos potencialmente tóxicos de minha fala – reconhecer meu privilégio de homem branco e tentar estar consciente do quanto poderia ser distorcida a maneira como via as coisas e lia antes e durante minha leitura desses textos. Quero reconhecer e aceitar a possibilidade de que eu possa novamente estar envergonhando seriamente a mim mesmo, na crença de que, mesmo que isso aconteça, ao confirmar a cegueira de meu privilégio, meu ato ajudará a promover uma causa em que acredito profundamente. E espero que qualquer outra discussão sobre esses assuntos por outros homens brancos como eu sejam igualmente conscientes e inequívocas sobre o campo minado em que penetram ao escrever sobre raça, igualmente abertos a exploração da possibilidade de suas próprias cegueiras e igualmente evitando assumir um tipo de autoridade que inconscientemente replica os próprios tipos de repressão inconsciente que querem combater.*

Por fim, decidi publicar esse texto sobre *Sing Down the Moon*; ele pode ser encontrado na plataforma Zenodo.**

Entretanto, tendo me tornado dolorosamente consciente de meu privilégio de homem branco de classe média, vejo-me agora enfrentando o que parece ser uma enorme contradição em meu pensamento:

Por um lado, sou contra a censura, e acredito que as crianças deveriam ter acesso ao maior conhecimento do mundo que for possível.

Por outro lado, não apenas estou inteirado da inconsciente presunção de privilégio que pode estar influenciando minhas convicções, como também compartilho a preocupação de escritores como Thomas,

---

* Dear Philip Nel. In: *American Indians in Children's Literature*. O comentário de Debbie que deu origem à carta de Nodelman, assim como a continuação desse debate podem ser encontrados em: <tinyurl.com/ybju3mxb>. Acesso: ago. 2019 (N.T.).

** O artigo original de 1984, assim como um parágrafo de retratação de Nodelman pode ser encontrado em: <tinyurl.com/y7nbb6oe>. Acesso: ago. 2019 (N.T.).

Park Dahlen e Reese sobre como as representações consciente ou inconscientemente racistas de personagens e os usos da linguagem em livros infantis poderiam ter efeitos negativos sobre jovens leitores e poderiam muito bem ser criticadas e evitadas.

Ou, em outras palavras, embora seja firmemente contra a censura, também pareço, às vezes, apoiá-la.

O que, então, deveria fazer a respeito? Existe alguma maneira de resolver essa contradição? Quando considero essa possibilidade, lembro-me de que, além de ser firmemente contra a censura em 1992, e embora estivesse resolutamente inconsciente de meu privilégio de homem branco de classe média, considerava ser firmemente contra o racismo, o sexismo e outras formas de intolerância de que tinha consciência. Mas – pergunto a mim mesmo agora, sob a luz de minha nova consciência desse privilégio que outrora considerei como natural – era mesmo? De verdade? Há coisas que minha falta de consciência desse privilégio me levava a ter como certas? Estaria eu aprovando um conteúdo racista sem reconhecer o seu racismo? Talvez minha defesa das posições que defendia com tanta confiança naquela época necessite de um olhar mais cuidadoso.

Quando me dedico a esse olhar mais cuidadoso, uma coisa se torna imediatamente aparente. Para criar meu argumento contra a censura em livros para crianças, disse que a literatura infantil era um ato de censura pelo simples fato de existir, que ela havia surgido por um desejo dos adultos de manter as crianças a salvo de um excesso de conhecimento do mundo, e que ela havia sobrevivido através dos séculos exatamente por prometer esse tipo de segurança. É por isso que tantas pessoas se sentem legitimadas a ser raivosamente censoras quando livros rotulados como sendo infantis fazem ou dizem coisas que essas pessoas pensam que as crianças não deveriam ouvir. De toda maneira, estava considerando minha consciência do limitado acesso ao conhecimento característico da literatura para crianças como algo dado, quando me declarei inclinado a permitir a elas o acesso a tudo. Podia argumentar com segurança em favor desse acesso, porque sabia que era improvável que a maior parte das crianças, em 1992 ou agora, tivesse contato com livros que elogiassem, vamos dizer, o nazismo ou o canibalismo, ou a privação das mulheres ao direito de votar. Podia falar orgulhosamente de meu desejo de permitir que meus próprios filhos lessem toda a ampla variedade de livros ilustrados que eu, como professor de literatura infantil que colecionava tanto maus como bons exemplos, tinha em minhas prateleiras, baseado na segurança de que, tendo sido todos aqueles livros publicados e identificados como infantis, nenhum deles tentaria persuadir seus leitores de que judeus, como eu, deviam ser exterminados, ou que, devidamente temperados, seres humanos poderiam ser o prato principal de um jantar fino (ou pelo menos uma sobremesa gostosa – "*a fine dessert*"), ou ainda que as mulheres devem ficar em casa, lavando pratos e fraldas.

A maior parte dos profissionais da edição de livros infantis, das bibliotecas ou que trabalham na educação dos pequenos tendem a ser mulheres, e os poucos homens que ali estão costumam ter aquilo que foi tradicionalmente considerado um interesse feminino por cuidar – um foco maior em assuntos do coração do que da cabeça ou dos punhos, o que, quase sempre, vem acompanhado de uma visão supostamente de coração-mole, tendendo à esquerda, sobre como o mundo deveria funcionar. Como resultado, livros que elogiam o fascismo ou mulheres descalças na cozinha raramente são publicados no mercado editorial infantil ou encontram espaço nas coleções das bibliotecas. Além disso, infelizmente, existem pessoas interessadas em crianças com propósitos sexuais e, dessa forma, poderia muito bem existir um mercado desse tipo de obras a serem compartilhadas com elas, declarando a integridade do comportamento predatório dos pedófilos e incentivando os jovens leitores a pensar nestes últimos de forma positiva e esperar por eles ansiosamente. Mas, felizmente, a maior parte dessas editoras não publicaria tal tipo de livros. Com um pouco mais de sutileza – porque todos os produtores, distribuidores e compradores de livros infantis são adultos – há algumas obras disponíveis, publicadas por editoras tradicionais ou nem tão tradicionais, que incentivam as crianças a desafiar seus pais ou professores, ou até a desrespeitar adultos. Embora as histórias infantis frequentemente permitam aos meninos e meninas imaginar a liberdade de restrições que os adultos lhes impõem, elas quase sempre terminam com a descoberta, por parte de uma personagem criança, de que um lar restritivo é melhor do que os perigos da liberdade da supervisão dos adultos, e com uma valorização da autoridade dos pais e da sabedoria dos valores parentais tradicionais. Reconheço, agora que me forcei a pensar sobre o assunto, que considerei tudo isso ponto pacífico quando falei tão bravamente sobre o acesso universal a todos os livros por parte de todas as crianças. Realmente me referi apenas ao tipo de livros seguros para elas, aos quais imaginei que normalmente teriam acesso.

O privilégio, de que não tinha consciência, também me levou a apresentar exemplos de censura que achei risíveis, para fazer com que as pessoas percebessem o quão ridícula era a censura. Como resultado, todavia, passei por cima da possibilidade de haver livros que, já naquela época, teria achado problemáticos. Se tivesse me inteirado de exemplos de preconceito racial inconsciente, como aqueles apresentados por Debbie Reese, será que concluiria que pessoas como ela, que questionam a sabedoria em se compartilhar tais livros com jovens leitores, não eram em nada diferentes dos madeireiros que não queriam que as crianças lessem sobre o quão ruim o desflorestamento era? Ou teria sido suficientemente perspicaz para ver a diferença entre proibir livros que defendem valores diferentes dos nossos e aqueles que celebram especificamente valores racistas e, por conseguinte, inumanos? Continuo convencido de que os defensores da indústria madeireira não têm o direito de proibir a publicação de livros para crianças contra o tipo de desmatamento evidente que eventualmente iria privar a raça humana de todo o seu oxigênio, mas estou menos convencido de que os editores deveriam continuar publicando obras com estereótipos raciais nocivos.

Mas, mesmo que os editores parassem de publicar tais livros, não há nenhuma garantia de que as crianças não tivessem acesso a eles. Como argumentava em 1992, "vivemos num mundo repleto não só de livros que não aprovamos, mas também de propagandas de TV, traficantes de drogas, ligações de *telemarketing*, políticos, evangélicos e crianças cujos pais possuem valores diferentes dos nossos. Manter as crianças afastadas de ideias e valores de que não gostamos é praticamente impossível". Se estivesse escrevendo esse trecho agora, com certeza teria de incluir a internet na lista. Hoje em dia, o nazismo e as diatribes antifemininas estão disponíveis em qualquer lar com acesso *on-line*, bastando um simples toque numa tela, isso para não falar da violência pesada e da pornografia ainda mais *hardcore*. Existe até uma página do Yahoo Respostas que trata do assunto "Canibalismo? Prós? Contras?". Um número surpreendente de pessoas que participam da discussão alega não ter nenhum problema em comer outras pessoas:

> *É lógico*, para uma população que está morrendo de fome, matar e comer uns aos outros antes que as

pessoas acabem morrendo de verdade, de forma que a morte não elimine inutilmente a comida, o que iria resultar na morte de toda a comunidade (isto é, alguns morrem agora, ou todos morrem mais tarde). Além disso, tal canibalismo também pode servir para eliminar doenças; se os infectados forem comidos, isso pode servir a um propósito eugênico, ao se comerem os indivíduos geneticamente pobres. Cada comunidade faminta deveria ter a liberdade de escolher se usaria ou não tal iniciativa canibalesca, de forma que os que por ela optarem viverão, e os que não optarem, morrerão.

Fico me perguntando como a pessoa que escreveu tal ode às alegrias do canibalismo se sentiria em relação a um livro infantil ilustrado, talvez algum dirigido especificamente a leitores crianças em comunidades que passam fome, que defendesse a ideia de comer gente.

Se os elogios ao canibalismo para pronto uso e supremacia branca não fossem suficientes, os meninos e meninas do mundo todo estão hoje ainda mais sujeitos a uma imensidade de propagandas, as quais os incentivam a cobiçar linhas específicas de brinquedos – seja em primeira mão, seja por meio de outras crianças, cujos pais já cederam à pressão dos filhos e os compraram. Quando meus próprios filhos eram pequenos, os brinquedos desejados eram as bonecas Barbie e Repolhinho. Minha neta de seis anos recentemente começou com uma obsessão por desenhos, brinquedos, adesivos, livros para colorir e fantasias da Patrulha Canina, e costuma passar horas no YouTube assistindo a vídeos em que adultos excêntricos se entusiasmam com as bonecas LOL, mostrando como, quando cada uma dessas bonecas com olhos assustadoramente imensos é imersa na água, ela vai chorar ou fazer xixi. Na mesma água. "Eca!", grito para ela, que insiste em assistir mesmo assim.[16] Sua coleção dessas bonecas consiste em apenas duas até agora, mas ela está de olho em muitas mais, tantas quantas uma de suas amigas já tem e das quais fica se gabando sem piedade.

Lá atrás, em 1992, propus uma forma de controlar os encontros das crianças com coisas como as LOLS: "Seria mais lógico protegê-las sem tentar suprimir materiais potencialmente perigosos, mas ajudando-as a aprender a importante habilidade de serem menos crédulas". Em outras palavras, ensinar-lhes o pensamento crítico. Falei sobre como, quando nossos filhos pequenos assistiam a TV com minha esposa e comigo, "tinham que ouvir a mãe e o pai falando o tempo todo, de forma debochada, sobre a idiotice de alguns dos programas de TV que fazíamos questão de assistir com eles – e tinham também de aprender a defender seu gosto ou a experimentar ou compartilhar o sarcasmo. Fico feliz em dizer que eles logo aprenderam as duas coisas". Descrevia o estado de espírito que estávamos incutindo neles como uma espécie de inocência protegida pelo conhecimento do mal – uma inocência armada:

> A verdadeira inocência não é ignorante. Permanecer inocente, isto é, tentar não fazer o mal, requer o conhecimento do que é o mal. É o conhecimento, então, que protege a inocência: só aqueles que estão armados com o conhecimento do mal e o hábito de refletir sobre as implicações práticas e éticas de seu próprio comportamento ou do comportamento alheio é que dispõem dos meios para serem bons. E tenho a certeza de que isso inclui principalmente as crianças.

Ainda creio nisso, e estou agora assistindo ao YouTube com a minha neta e não apenas dizendo "Eca!", mas também fazendo muitos comentários sarcásticos sobre a mulher esquisita que faz propaganda das bonecas LOL. Mas preciso ressaltar o que tinha como ponto pacífico naquele momento:

Naqueles tempos pré-internet, supunha que não era tão difícil para os adultos protegerem as crianças do acesso a coisas como pornografia e que os pais poderiam estar prevenidos contra informações insidiosas sobre coisas como as bonecas LOL, que poderiam estar disponíveis para seus filhos pequenos. Com elas cada vez mais novas tendo seus próprios celulares, isso é cada vez menos verdadeiro. A probabilidade de qualquer criança em qualquer lugar estar alheia aos aspectos indesejáveis da realidade é cada vez mais improvável.

Embora recomendasse (e ainda recomende) o envolvimento dos adultos e a discussão com as crianças sobre esses assuntos tensos, e embora reconhecesse que nem todas elas tinham a sorte de ter pais que quisessem ou que pudessem oferecer seu envolvimento, tendia a assumir o estilo de vida tradicional de classe média, que meus próprios filhos vivenciavam, como uma norma, e a omitir a existência de meninos e meninas que viviam em meio a guerras, pobreza, abuso por parte dos pais, imigração, centros de detenção e assim por diante, crianças que não precisavam da TV ou da internet para aprender sobre violência, corrupção e horror. Não apontei a irrelevância de minhas recomendações, para os pais, sobre compartilhar livros infantis com crianças sem livros, ou que sequer têm pais. Não ressaltei, como posso fazer agora, que compartilhar a maioria dos livros infantis com elas – livros pensados para públicos regulares de classe média abastada e que, em sua maioria, representavam estilos de vida de classe média abastada como se fossem a coisa mais normal – pudesse causar mais sofrimento que prazer junto àquelas que são menos afortunadas. Esses livros poderiam até (como sugerem escritores como Debbie Reese) oferecer aos leitores que não compartilham os privilégios de classe média, a qual eles representam, uma dolorosa consciência de sua própria exclusão desse público, por serem nada mais que inferiores a ele.

Em 1992, acreditava que sabia o que era o mal e como reconhecê-lo. Embora esteja ainda convencido sobre a maldade da pornografia, do canibalismo, Barbies e bonecas LOL, tenho agora que reconhecer a existência de outros males de que, naquele momento, não estava tão ciente quanto deveria estar. Suspeito que minhas várias formas de privilégio ainda me deixam cego para muito mais coisas – coisas às quais deveria estar mais atento e para as quais deveria ser mais capaz de fazer com que as crianças em minha vida ficassem mais atentas, mais armadas para resistir. Também quero agora encarar a possibilidade, levantada por Reese e outros, de que algumas formas do mal são demasiadamente dolorosas e potencialmente prejudiciais para que os públicos jovens – ou até os mais velhos – leiam sobre elas. Às vezes, agora quero dizer, tentativas de armar a inocência podem até mesmo destruí-la.

E então: aonde tudo isso me leva? Isso, sobretudo, me deixa confuso e cheio de conflitos. Ainda acredito, com mais fervor do que em 1992, que é impossível proteger as crianças de conhecer os perigos do mundo que dividimos com elas, que tentar limitar seu acesso à informação sobre eles é a pior forma de protegê-las, que aquilo que nos mantêm a todos, crianças e adultos, mais seguros é saber mais, não menos, sobre o que nos ameaça. Por outro lado, contudo, com uma nova consciência da frequência com que o mal pode estar presente e de minha inabilidade pessoal de estar sempre consciente dele, concluo que preciso ser mais humilde com relação à minha capacidade de proteger as crianças do mal, proporcionando-lhes a consciência de sua existência. Não posso protegê-las daquilo que ainda não estou consciente de que poderiam necessitar proteção.

Ou talvez, digo a mim mesmo, eu possa. Será que os esforços dos adultos para ensinar às crianças o tipo de pensamento crítico que protegeria sua inocência incluem a possibilidade de elas se tornarem conscientes de *seu próprio* privilégio – daquilo que *elas* podem estar considerando natural? Será que as crianças pequenas podem aprender a enxergar além dos valores e pressuposições sobre elas mesmas e sobre os outros que os adultos em suas vidas as têm incentivado, conscientemente ou não, a considerar naturais? E será que muitos pais e professores ficariam felizes se eles realmente aprendessem?

Ou ainda, por outro lado: cheguei à conclusão de que a consciência do mal pode não ser necessariamente sempre algo positivo. A consciência daquilo que pode causar dor pode ser dolorosa. Pode prejudicar a autoestima das crianças ou, quem sabe, fazê-las sentirem impotência diante de forças que escapam ao seu controle ou ao controle de seus cuidadores, forças que podem contribuir para diminuir sua chance de sucesso e felicidade na infância e no futuro. Por vezes, então, o prejuízo potencial pode justificar o não acesso de jovens leitores a certas formas de conhecimento –

aqueles que estão fora da literatura para crianças, coisas como pornografia, ou que estão dentro dela, como os tipos de estereótipos e pressuposições prejudiciais que aprendi a perceber que estavam sempre ali, mesmo que não tivesse consciência. Embora não possa negar que prefiro a ideia de incluir os estereótipos, para poder apontá-los e explorar suas implicações, também não posso negar que não sou negro ou indígena ou asiático o suficiente – ou feminino, obeso, deficiente ou gay o suficiente – para ser alvo de tais estereótipos e sentir pessoalmente sua constante dor. Uma pessoa pode saber a dor de ser diminuído e entender as implicações disso perfeitamente bem, sem ter que repetir constantemente sua experiência dolorosa.

Logo, eis o lugar para onde meu pensamento me guiou: a censura é errada, a não ser às vezes, quando é correta. E o acesso ao máximo possível de conhecimento e informações é algo positivo, a não ser em algumas vezes, em que é algo ruim.

No fim das contas, tenho que reconhecer que a maioria de nós, envolvidos com livros para crianças – incluindo eu mesmo –, sempre tendemos a aceitar escolhas censoras. Apenas gostamos de rotulá-las como outra coisa. Nós as chamamos de seleção de livros e as enxergamos como o ato de escolher os livros certos para bibliotecas ou crianças individuais, um ato que também sempre, embora possamos não querer reconhecer, priva as crianças leitoras do acesso àquilo que achamos serem os livros errados. Mesmo ao escolher não comprar ou compartilhar certas obras, porque não podemos comprar ou compartilhar tudo, ainda estamos privando os jovens leitores do acesso àquilo que optamos deixar de fora. Se a censura prática – *ooops*, quero dizer a seleção de livros – é inevitável, então devemos fazê-la com humildade e com uma percepção constante do quão facilmente isso pode se transformar em algo mais reconhecidamente censório. Talvez fosse melhor fazermos isso enquanto tentamos ter consciência de nossas próprias formas de privilégio e seu possível efeito em nossas decisões de seleção, como elas podem estar nos persuadindo a deixar de fora coisas demais, ou talvez, preciso reconhecer, deixar de fora coisas de menos. Talvez fosse melhor selecionarmos com humildade com relação à extensão e às limitações de nossa própria sabedoria e valores, esforçando-nos para estar cientes daquilo que não consideramos ser negativo, e com a vontade de permitir o máximo que pudermos e de deixarmos de fora o mínimo que pudermos nos persuadir de deixar de fora. Talvez fosse melhor lembrarmos de que a necessidade de selecionar livros não nos isenta de nossas obrigações como adultos de ajudar as crianças a desenvolver o conhecimento de como interagir com e pensar produtivamente sobre o mundo em todos os seus aspectos – inclusive aqueles que preferiríamos que elas não conhecessem.

E talvez, acima de tudo, possamos abordar melhor nossas considerações sobre esses assuntos e como lidar com eles com um profundo senso de nossa própria falibilidade. Talvez fosse melhor tentar ter menos certeza – menos certeza, decerto, do que eu próprio tinha em 1992.

Notas de referência

1. CANADIAN LIBRARY ASSOCIATION. *CM: Reviewing Journal of Canadian Material for Young People 20*, 3 (Maio de 1992).

2. LEWIS, C.S. "On three ways of writing for children". *Children's literature Views and reviews*. Ed. Virginia Haviland Glenview Scott: Poresman, 1973, p. 236. [C. S. Lewis é o autor das *Crônicas de Nárnia*. (N.T.)].

3. ZIMMENNAN, B. J. Social Learning Theory: A contextualist account of cognitive functioning. In: BRAINERD, C. J. *Recent advances in cognitive developmental research*. Ed. Charles J Brainerd, New York: Springer-Verlag, 1983, p. 14.

4. BRAINERD, C. J. Preface. *Recent advances in cognitive developmental research*, op. cit., p. VII.

5. *Ibid.*

6. Table 203.60: Enrollment and percentage distribution of enrollment in public elementary and secondary schools, by race/ethnicity and level of education: Fall 1999 through fall 2027. *Digest of Education Statistics*. IES/NCES: National Center for Education Statistics.

7. Publishing Statistics on Children's Books about People of Color and First/Native Nations and by People of Color and First/Native Nations Authors and Illustrators. CCBC.

8. SCHUTTE, A. It Matters If You're Black or White: The Racism of YA Book Covers. *The Hub*. YALSA. Disponível em: <tinyurl.com/y8hj3zcj>. Acesso: 11 mai. 2020.

9. ALTER, A. In an Era of Online Outrage, Do Sensitivity Readers Result in Better Books, or Censorship?. *New York Times*, December 24, 2017.

10. BLACKALL. S. Depicting Slavery in A Fine Dessert. *Sophie Blackall* blog.

11. Respectivamente: Chicago: American Library Association Editions, 2013 e Sophia, St. Catherine University.

12. American Indians in children's literature. Disponível em: <tinyurl.com/yd99h6et>. Acesso: 17 mar. 2020.

13. REESE, D. Not Recommended: The Metropolitans by Carol Goodman. In: *American Indians in Children's Literature*. Disponível em: <tinyurl.com/yb6lsqdn>. Acesso: 11 mai. 2020.

14. REESE, D. Indigenizing Children's Literature. *Journal of Language and Literacy Education* [Online], 4,2 (2008): (62).

15. MCINTOSH, P. White Privilege and Male Privilege. A Personal Account of Coming to See Correspondences through Work in Women's Studies. *Seed*, p. 2

16. LOL Surprise Baby Dolls in Blind Bag – Do They Cry, or Color Change in Water?

Agradecimentos

Este livro foi viabilizado pelos apoiadores do projeto Emília, parceiros na aposta da importância da difusão do conhecimento, da arte, da cultura e da literatura.

Agradecemos os apoios recebidos que ajudaram a viabilizar parte da produção deste livro: Anita Prades & Belisa Monteiro; Bárbara Franceli Passos; Cícero Oliveira; Denise Guilherme Viotto; Dolores Prades; Emily Anne Stephano; Irene Monteiro; Lenice Bueno & Ana Paula Leme; Lícia Breim & Cristiane Tavares; Pierre André Ruprecht.

Tipologia FF Scala e Filson Pro | Papel Offset 75 g/m^2
Este livro foi impresso em Agosto de 2020 na gráfica Impress.